Polyglott-Reiseführer

Graubünden

Mit 15 Illustrationen sowie 8 Karten und Plänen

Allgemeines

Stadtbeschreibungen

Routenbeschreibungen

Polyglott-Verlag München

Herausgegeben von der Polyglott-Redaktion
Verfasser: Eugen E. Hüsler
Illustrationen: Heinz Bogner
Karten und Pläne: Eugen E. Hüsler
Umschlaggestaltung: Christa Manner, München
Fotograf: Bernd Ducke / Superbild

Wir danken dem Schweizer Verkehrsbüro in München und dem Verkehrsverein Graubünden in Chur für die uns bereitwillig gewährte Unterstützung.

Ergänzende Anregungen, für die wir jederzeit dankbar sind, bitten wir zu richten an:
Polyglott-Verlag, Redaktion, Postfach 40 11 20, 8000 München 40.

Alle Angaben wurden sorgfältig geprüft. Dennoch kann eine Gewähr für Vollständigkeit und Richtigkeit nicht übernommen werden.

Zeichenerklärung:
Information · Öffnungszeiten
Eisenbahnverbindungen · Bergbahnen
L Luxushotels · Erstklassige Hotels · Gute Hotels
Einfache Hotels und Pensionen
Jugendherbergen · Campingplätze

Die in eckigen Klammern stehenden Ziffern decken sich mit den auf den Plänen eingezeichneten Ziffern.

Kilometerangaben hinter Ortsnamen zeigen die Entfernung vom Beginn der jeweiligen Route aus an.

Farbige Ziffern am Seitenrand weisen auf die Routennummern hin.

Komplett aktualisierte Auflage 1993/94
Redaktionsschluß: August 1992

Printed in Germany / Druckhaus Langenscheidt, Berlin / W. XII. Eu. / IV.
ISBN 3-493-60906-X

Tourismuswerbung aus dem Jahr 1907 (nach Anton Christoffel)

Viva la Grischa!

Wenn seine Bergseen auch nicht unbedingt alle »zum Bade laden« und nur gerade ein einziger Viertausender sich innerhalb der Kantonsgrenzen erhebt, so wird doch bestimmt niemand Zweifel daran hegen, daß Graubünden – romanisch Grischun, italienisch Grigioni – ein ganz besonders schönes Stück Helvetiens ist, die »Ferienecke« der Schweiz, wie die Tourismusprofis sagen. Daß zwischen Calanda und Campocologno außer der »Mini-Skyline« Churs kaum Großstädtisches zu entdecken ist, kann man leicht verschmerzen, zumal die Gästeliste von St. Moritz ausreichend gehobene Internationalität garantiert. Viel sympathischer berührt, daß abseits der Renommierplätze und Ski-Wallfahrtsorte noch so viel intakte Bergnatur liegt, daß Betonarchitektur noch keineswegs überall die alten, in Jahrhunderten gewachsenen Ortskerne überwuchert hat, daß vielleicht ein Umdenken stattfindet, mit dem es sich auch als Besucher gut leben läßt: zuerst die Natur, dann der Kommerz. So wird man auch in fernerer Zukunft noch ausrufen: Viva la Grischa!

Lage und Größe

Mit einer Fläche von 7106 km² ist Graubünden der größte Kanton der Schweiz. Er liegt im Südosten des Landes zu beiden Seiten des Alpenkammes und grenzt im Nordwesten an die Kantone Tessin, Uri, Glarus und St. Gallen sowie im Norden an das Fürstentum Liechtenstein und Österreich (Vorarlberg/Tirol), im Süden an Italien (Südtirol/Provinz Sóndrio).

Landesnatur

Ein Höhenunterschied von fast 3800 m zwischen dem Unterlauf der Moèsa und dem Gipfel der Bernina sowie ein rund 30 % großer Anteil wirtschaftlich nicht nutzbarer Bodenfläche machen deutlich: Graubünden ist ein Gebirgskanton, nicht umsonst heißt es im Volksmund »Land der 150 Täler«. Im Gegensatz etwa zum Wallis zeigt es aber keine klare Gliederung: Quer- und Längstäler verästeln sich zu einem unübersichtlichen Muster; die Flüsse entwässern in drei Meere: nach Norden durch den Rhein in die Nordsee, nach Osten vom Inn zur Donau und ins Schwarze Meer, Richtung Süden über Ticino/Adda/Etsch und Po ins Mittelmeer. Auch die geologischen Verhältnisse sind – im wahrsten Sinne des Wortes – sehr vielschichtig: ein mächtiges Kalkmassiv im Nordosten (Rätikon, Schesaplana, 2964 m); ein breiter Gürtel Schiefergesteine vom Lugnez bis ins Prättigau; im Nordwesten die sog. Helvetische Decke, aus Sedimenten aufgebaut (Glarner Alpen); Granit und Gneis im Gotthardmassiv, in der Silvretta (Piz Linard, 3411 m), in der Berninagruppe und im Bergell (Pizzo Cengalo, 3370 m); Dolomitzacken im Unterengadin.

Höchster Gipfel Graubündens ist der Piz Bernina (4049 m), der einzige Viertausender der Ostalpen. (Die Grenze zu den Westalpen verläuft längs durch den Kanton, vom Rhein über den Splügenpaß zum Comer See.) Im Berninamassiv tritt auch die stärkste Vergletscherung auf, doch läßt sich die Wirkung eiszeitlicher Gletscherströme noch mancherorts im Talprofil ablesen. Auch der gewaltige Bergsturz von Flims, der größte der Alpen, ist gewissermaßen ein »Kind« der Eiszeit, ebenso die berühmten Oberengadiner Seen (Toteismulden des Inngletschers).

Flora und Fauna

Beim Stichwort Flora denkt man natürlich sofort an die herrlichen Alpenblumen, die bis in die Regionen des ewigen Schnees anzutreffen sind. Daß dies auch so bleibt, dazu kann jeder etwas beitragen: anschauen, sich freuen, aber bitte nicht pflücken! Viele Pflanzen stehen zudem unter strengem Schutz, z. B. das Edelweiß (Leontopodium alpinum), die verschiedenen Enzianarten (Gentiana), das Kohlröschen (in der Schweiz »Männertreu« genannt; Nigritella nigra) und das Alpen-Mannstreu (Eryngium alpinum). Daß die Flora Graubündens besonders artenreich ist, hat verschiedene Gründe: einerseits die geologische und klimatische Vielfalt, anderseits der Umstand, daß hier die Alpenpflanzen der Ost- und der Westalpen zusammentreffen: z. B. das Mont-Cenis-Veilchen (Viola cenisia), die Kleine Sterndolde (Astrantia minor), die Gletscher-Nelke (Dianthus glacialis) und der Zwerg-Baldrian (Valeriana supina).

Ein Paradies für Tiere ist natürlich der knapp 170 km² große Schweizerische Nationalpark (vgl. S. 61f.). Im wesentlichen unterscheidet sich die Fauna Graubündens kaum von jener anderer Alpenregionen, vielleicht mit einer Ausnahme: Die Zahl der Steinböcke hat in den letzten Jahren stark zugenommen. Weit verbreitet sind Gemsen und Murmeltiere; selten, aber im Bestand nicht mehr gefährdet, ist der Steinadler.

Klima

Wenn der offizielle Schweizer Wetterbericht, herausgegeben von der Meteorologischen Zentralanstalt, oft für das Engadin mit einer eigenen Prognose aufwartet, so hat das seinen Grund: Die inneralpine Lage schließt Randstaus mit ihren heftigen Niederschlägen weitgehend aus; ein Umstand, von dem natürlich die Ferienorte am Oberlauf des Inn profitieren.

Insgesamt hat Graubünden aber Anteil an allen drei Klimazonen der Schweiz: Das Wetter nördlich des Alpenhauptkamms wird – wie überall zwischen Jura und Bodensee – vom Atlantik bestimmt, die Südtäler sind klimatisch zum Mittelmeer hin orientiert, und die inneralpinen Täler zeichnen sich durch relative Trockenheit und entsprechend viel Sonnenschein aus.

Ein bekannter »Gast« im Bündner Rheintal ist der Föhn, ein trockener, stürmischer Fallwind, der als Folge des Druckausgleichs zwischen Zonen hohen und tiefen Luftdrucks besonders am Alpennordrand auftritt. Unter seinem Einfluß steigt die Temperatur sprunghaft an, was nicht nur im Frühling große Schneemengen zum Schmelzen bringt, sondern auch seine Auswirkungen auf die menschliche Stimmungslage hat ...

Klimatabelle

Ort	Lufttemperatur (°C) øTagestemperaturen	
	Januar	Juli
Bever (1708 m)	–10	11
Chur (585 m)	– 1	18
Davos (1558 m)	– 6	12
Roveredo (314 m)	1	21
Scuol (1243 m)	– 6	15
Sta. Maria (1375 m)	– 4	15
Weißfluhjoch (2693 m)	– 9	5

Bevölkerung und Sprache

Graubünden hat ungefähr 180 000 Einwohner; damit steht es unter den 26 Schweizer Kantonen nur an 16. Stelle. Sehr unterschiedlich ist die Bevölkerungsdichte: Jeder vierte Bündner lebt in oder um Chur; der Rest verteilt sich auf rund 7000 km², was nurmehr einen Mittelwert von etwa 25 Einw./km² ergibt. Je etwa die Hälfte der Gesamtbevölkerung ist katholisch bzw. reformiert.

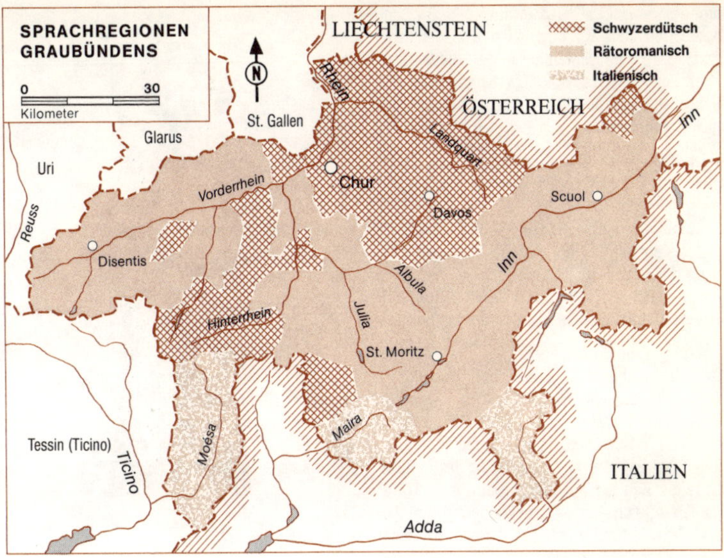

Nirgendwo sonst ist die sprachliche Vielfalt in der Schweiz so ausgeprägt wie in Graubünden: Drei der vier Landessprachen werden hier gesprochen: Deutsch (60 %), Rätoromanisch (22 %) und Italienisch (14 %), jede zudem in verschiedenen Dialekten. Beim Schwyzerdütsch differenziert man zwischen dem Alemannischen, das, vom Bodensee kommend, ins romanische Sprachgebiet vorgedrungen ist, und dem Walserdeutsch; Samnaun ist die einzige Schweizer Gemeinde, in der ein Tiroler Dialekt gesprochen wird.

Noch komplizierter ist die Situation beim Rätoromanischen. Grundsätzlich unterscheidet man zwischen drei Mundartgruppen: dem *Romontsch* oder *Westladinischen* in Graubünden mit verschiedenen Dialekten (Surselvisch im Bündner Oberland, Sutselvisch im Domleschg und im Schams, Surmeirisch im Albulatal, Putèr im Oberengadin, Valladèr im Unterengadin, Jauer im Münstertal), dem *Ladinischen,* das in einigen Dolomitentälern gesprochen wird, und dem *Friaulischen.* 75 % der rätoromanisch sprechenden Bevölkerung der gesamten Schweiz lebt in Graubünden.

Die Walser

Die Einwanderung der Walser in einige Bündner Täler (13./14. Jh.) setzt in der Geschichte Graubündens eine Zäsur; vor allem die freie Rechtsstellung der deutschsprachigen Kolonisten aus dem Oberwallis (Goms) hatte später Vorbildwirkung auf die Entwicklung Rätiens (vgl. S. 7). Dabei handelte es sich keineswegs um eine spontane, etwa aus wirtschaftlicher Not entstandene Bevölkerungsbewegung, sondern vielmehr um eine initiierte Umsiedlung durch die Freiherren von Sax-Misox und Vaz, denen die Walser zu Kriegsdiensten verpflichtet waren. Zunächst siedelten einige Familien im Rheinwald (1274), dann auch im Landwassertal (1289). Von diesen beiden »Keimzellen« aus stießen die Walser – in erster Linie Älpler (Almbauern), im Gegensatz zu den Romanen, die vor allem Getreide anbauten – bald ins Avers, ins Safiental, nach Vals, ins Schanfigg und vor allem ins Prättigau vor, wo auf den Höhen links und rechts der Landquart zahlreiche neue Siedlungen entstanden. Nur Vermutungen gibt es über die älteste Walser Kolonie, jene von Obersaxen; es deutet aber manches auf einen Zusammenhang mit Einwanderern hin, die seit dem 12. Jahrhundert über Furka und Oberalp ins Bündner Oberland gekommen waren.

Wirtschaft

Graubünden ist ein traditionelles Agrarland, doch spielten – bedingt durch die Lage an den großen Alpenpässen – Handel und Gewerbe schon immer eine gewisse Rolle. Heute sind noch rund 10% der Beschäftigten in der Landwirtschaft tätig, größtenteils in der Viehhaltung. Holz aus den großen Waldgebieten (rund ein Viertel der Kantonsfläche) wird vor allem nach Italien exportiert.

Wirtschaftsfaktor Nummer eins ist der Tourismus: Etwa 15 Millionen Übernachtungen (davon die Hälfte Ausländer) werden jährlich in Graubünden registriert. Die Hälfte aller Arbeitsplätze steht direkt oder indirekt im Zusammenhang mit dem Fremdenverkehr, aus dem auch etwas mehr als 50% des Bruttosozialprodukts erwirtschaftet werden.

Wichtige Einnahmen erwachsen den Bündner Gemeinden durch die zahlreichen Wasserkraftwerke, die fast ein Fünftel des schweizerischen Strombedarfs decken (am Verbrauch ist Graubünden nur mit 4% beteiligt). Große Bedeutung für die wirtschaftliche Entwicklung des Kantons hatte der Bau der Rhätischen Bahn nach 1888: Ihr fast 400 km langes Streckennetz führt über 500 Brücken und durch 118 Tunnels mit einer Gesamtlänge von 42 km.

Staatswesen

Graubünden ist einer von insgesamt 26 Kantonen, aus denen sich die Schweiz – amtlich Schweizerische Eidgenossenschaft – zusammensetzt. Nach der Verfassung von 1848, die in ihrer 1874 revidierten Form noch heute Gültigkeit hat, ist die Schweiz ein Bundesstaat mit stark föderalistischen Zügen. In den Kompetenzbereich des Bundes fallen nur die ausdrücklich in der Verfassung verankerten Aufgaben wie Außenpolitik, Militär, Zoll und Post. Die Kantone, die alle eine eigene Verfassung besitzen, sind u. a. zuständig für das Schul- und Kirchenwesen und die Polizeiorganisation; sie haben auch die Steuerhoheit.

Wenn die schweizerische Demokratie im Ausland immer wieder als einmalig gerühmt wird, so hat dies seinen Grund auch in einer uralten Einrichtung: der *Landsgemeinde*. Noch heute treffen sich in den Kantonen Appenzell, Glarus und Unterwalden die stimmberechtigten Bürger und Bürgerinnen im Ring, um ihre Vertreter zu wählen und über Sachgeschäfte abzustimmen. In Graubünden besteht diese urschweizerische Einrichtung auf kommunaler Ebene, in romanischen Gegenden wird sie »Mastralia«, in den deutschbündnerischen Talschaften »Bsatzig« genannt (jeweils am ersten Maisonntag).

Chalanda Marz

Brauchtum

Der bündnerische Brauchtumskalender ist recht umfangreich: Er verzeichnet Kirchweihen und Fronleichnamsprozessionen (in den katholischen Orten) ebenso wie Alpfahrt und Alpabzug – wenn das Vieh auf die hochgelegenen Weiden getrieben wird bzw. von dort zurückkehrt –, »Bergsonntag«, ein Älplerfest, das vor allem im nördlichen Kantonsteil zur Sommermitte gefeiert wird, und die beliebten Schwingfeste (eine Art bäuerliches Ringen). Nicht im Kalender steht der Beginn der herbstlichen Jagdzeit (den kennt in Graubünden sowieso jeder). Mit dem Ende einer anderen Zeit – dem Winter – haben gleich mehrere Bräuche zu tun: »Homstrom« in Scuol (dabei werden Strohpuppen in Brand gesteckt, am ersten Sonntag im Februar), »Scheibenschlagen«, das man in verschiedenen Orten der Ostschweiz, u. a. in Danis-Tavanasa und Untervaz kennt (Sonntag vor Aschermittwoch), und natürlich »Chalanda Marz«, das am 1. März (dem römischen Jahresbeginn »Calendae Martiis«) im Engadin und im Oberhalbstein gefeiert wird. Dabei zieht die Jugend mit Glocken und allerlei Lärminstrumenten durchs Dorf. Auch im Engadin beheimatet ist die bekannte »Schlitteda« (im Januar), bei der unverheiratete junge Leute paarweise unter Musikbegleitung mit einem Pferdeschlitten von Dorf zu Dorf fahren.

Geschichtlicher Überblick

Die Geschichte Graubündens ist die seiner Alpenpässe, der wirtschaftlich und strategisch wichtigen Verbindungswege zwischen germanischem und mediterranem Kulturkreis. Bereits in prähistorischer Zeit begangen, waren sie immer wieder Zankapfel zwischen rivalisierenden europäischen Großmächten; sie brachten den Bergbewohnern zwar Verdienst, manchen sogar Reichtum und Macht, im Gefolge kriegerischer Auseinandersetzungen aber auch schwere Verheerungen übers Land. Österreicher, Italiener, Franzosen und Russen kämpften auf dem Gebiet des heutigen Kantons – und meist waren die Bündner nur »Bauern« im großen Machtspiel …

Funde in Chur (Welschdörfli; 3000 v. Chr.) und im Misox (Castagneda; 2400 v. Chr.) belegen die Anfänge menschlicher Siedlungstätigkeit bereits in der Jüngeren Steinzeit. Bronzezeitliche Ausgrabungen, u. a. im Lugnez (Surrein) und im Oberhalbstein (Savognin), weisen auf Anfänge der Alpwirtschaft und einen eingeschränkten Paßverkehr hin. Woher die Räter gekommen waren, ist bis heute ungeklärt; sie dürften sich später mit zugewanderten keltischen Stämmen vermischt haben.

15 v. Chr. Die Römer erobern Rätien, aus »Kora« (keltisch = Stamm) wird »Curia Raetorum«. Im Kontakt mit den römischen Kolonialherren entwickelt sich aus dem Vulgärlatein und dem rätisch-keltischen Idiom nach und nach die rätoromanische Sprache (vgl. S. 5).

284 Nach der Teilung Rätiens durch Kaiser Diokletian wird Chur Zentrum der Provinz »Raetia prima«, die vom Lago Maggiore bis zum Bodensee, vom Wallis bis nach Tirol reicht. Auf dem »Hof« steht ein römisches Kastell.

4. Jh. Chur wird erstes Bistum nördlich der Alpen.

493 Nach dem Zusammenbruch des Weströmischen Reichs fällt Rätien an die Ostgoten.

537 Churrätien wird Teil des Frankenreichs. Unter der Familienherrschaft der Viktoriden, die fast alle Bischöfe stellen, genießt es weitgehende Selbständigkeit.

806 Unter Karl dem Großen wird weltliche von geistlicher Macht getrennt und Churrätien in die beiden Grafschaften Unter- und Oberrätien geteilt.

843 Durch den Vertrag von Verdun kommt Churrätien an den Ostfrankenstaat Ludwigs des Deutschen.

10.–13. Jh. Dank der Protektion der Deutschen Kaiser, die sehr an einer Sicherung der wichtigen Alpenübergänge interessiert sind, kann der Churer Bischof seinen Einflußbereich vergrößern;

1170 wird er zum Reichsfürsten und damit Landesherr. In dieser Zeit gewinnen auch verschiedene Feudalgeschlechter an Macht: Rhäzüns, Sax, Werdenberg. Bedeutendste Konkurrenten des Bischofs sind die Freiherren von Vaz; sie initiieren im

13. Jh. die Ansiedlung deutschsprachiger Walser in einigen Hochgebirgstälern Graubündens (vgl. S. 5). – Zunehmende Gegensätze zwischen dem Churer Fürstbischof, der als Parteigänger Österreichs gilt, und seinen Untertanen führen

1367 zur Gründung des »Gotteshausbundes«.

1424 schließen sich der Abt von Disentis und die Gemeinden des Vorder- und Hinterrheins im »Grauen Bund« zusammen,

1436, nach dem Tod des letzten Toggenburger Grafen, entsteht unter dem Druck habsburgischer Erbansprüche der »Zehngerichtebund«, ein Zusammenschluß Walser Bauerngemeinden des Prättigaus, Schanfiggs und Landwassertals.

1471 kommt es zur Vereinigung der »Drei Bünde«, noch vor Ende des Jahrhunderts zu ersten – lockeren – Bündnissen mit der Eidgenossenschaft. Im Schwabenkrieg kämpfen Bündner und Eidgenossen bereits Seite an Seite; er bringt den »Drei Bünden« zwar den Sieg an der Claven (1499), aber keinen politischen Gewinn.

1512 Die Bündner erobern das Veltlin, Bormio und Chiavenna.

1523 Von Chur, das durch Johannes Comander, einen Freund Zwinglis, reformiert wird, breitet sich der neue Glaube im Land aus. Das Nebeneinander beider Konfessionen ist zunächst von Toleranz geprägt; erst mit dem Einsetzen der Gegenreformation kommen Spannungen auf, die im

17. Jh. während der sogenannten »Bündner Wirren« ihren Höhepunkt erreichen

Jörg Jenatsch (1598–1639)

(»Veltliner Protestantenmord«, 1620). Graubünden gerät zunehmend in den Sog des Dreißigjährigen Krieges (1618–1648), aus den Religionsstreitigkeiten wird ein Machtkampf führender Bündner Familien, von außen durch die Feindschaft zwischen Österreich-Spanien und Frankreich geschürt. Nach der blutigen Niederschlagung des »Prättigauer Aufstands« (1622) durch die Österreicher rücken französische Truppen ins Land. Schillerndste Figur in diesem fast undurchschaubaren Ränkespiel der Parteien und Religionen ist Jörg Jenatsch (1598–1639), protestantischer Pfarrer, Abenteurer und Freiheitsheld: 1620 nur knapp dem Massaker im Veltlin entkommen, ermordet er 1621 Pompejus von Planta, einen Anführer der österreichischen Partei, tritt später zum Katholizismus über, vertreibt 1637 den Hugenottenführer Herzog von Rohan, der mit französischer Hilfe das verlorengegangene Veltlin zurückerobert hat; zwei Jahre später wird er in Chur ermordet.

Als Folge der Kriegswirren geht der Warenverkehr auf den Bündner Alpenpässen stark zurück, Bandentum breitet sich aus (in Vicosoprano beispielsweise werden 1656 an einem Tag gleich fünf Wegelagerer hingerichtet), die wirtschaftliche Not ist groß. Viele Bauernsöhne treten in fremde Kriegsdienste ein; im Jahr

1743 stehen nicht weniger als 10 350 Bündner in fremden Heeren, vor allem in Frankreich.

1798–1803 In den Koalitionskriegen gerät Graubünden nochmals »zwischen die Fronten«; Chur wird nacheinander von österreichischen und französischen Truppen besetzt.

1803 Napoleon I. diktiert den Anschluß an die Schweiz; Chur wird Hauptstadt des Kantons Graubünden (Mediationsverfassung).

1814 Ein Versuch, den Großen Rat in Chur mit Waffengewalt zur Loslösung von der Eidgenossenschaft zu zwingen, scheitert. Der Anschluß wird per Volksabstimmung bestätigt.

1815 Im Wiener Kongreß geht das Veltlin an die damals österreichische Lombardei endgültig verloren.

1818–1823 werden die Splügen- und die Bernhardin-Straße ausgebaut.

1845–1854 Aus dem Drei-Bünde-Staat wird ein als Einheitsstaat organisierter Kanton; oberster Souverän ist das Bündner Volk.

1882 Die Eröffnung der Gotthard-Eisenbahnlinie führt zum Zusammenbruch des Transitverkehrs auf den Bündner Pässen und stürzt Graubünden in eine schwere wirtschaftliche Krise.

19. Jh. Mit dem Anschluß an das schweizerische Eisenbahnnetz (1858; Linie Rorschach – Chur) und der Eröffnung der Bahnlinie Landquart – Davos (1890) entwickelt sich ein neuer Wirtschaftszweig: der Fremdenverkehr. 1860 beherbergt Davos seine ersten Sommergäste; noch vor der Jahrhundertwende entstehen im Engadin mehrere Luxushotels. Auch der Alpinismus erlebt einen starken Aufschwung; 1850 gelingt dem Vermessungsingenieur Johann Coaz mit Gefährten die Erstbesteigung des Piz Bernina (4049 m).

1904 wird die Bahnlinie Thusis – St. Moritz (Albula) dem Verkehr übergeben,

1910 die Berninabahn.

1925 Graubünden öffnet seine Grenzen für den Autoverkehr.

1938 Rätoromanisch wird offiziell vierte Landessprache der Schweiz.

1968 führt die Stadt Chur als erste Bündner Gemeinde das Frauenstimmrecht ein, das aber erst 1972 in Kraft tritt.

1987 Der Bundesrat in Bern bewilligt einen ersten Kredit für den Bau des Vereina-Eisenbahntunnels (Klosters – Lavin).

Wird Chur oft – und nicht zu Unrecht – als eigentliches »Tor« zur Bündner Bergwelt bezeichnet, so darf man in der Kathedrale der Bischofsstadt einen Schlüssel zum Verständnis der Kulturlandschaft zwischen Oberrhein, Inn und Ticino sehen. Nicht nur deshalb, weil das trutzige Bauwerk gewisse Ähnlichkeit mit den mächtigeren, von der Natur geschaffenen Felsburgen rundum hat; vielmehr zeigt es augenfällig, welch starken Fremdeinflüssen Graubünden, bedingt durch seine Lage an den wichtigen Alpenübergängen, stets ausgesetzt war – ein Phänomen, das gerade heute durch den Massentourismus eine aktuelle Entsprechung findet. Einflüsse aus Schwaben, Oberbayern, Italien, sogar Frankreich lassen sich an dem romanischen Gotteshaus nachweisen. Daß etwa Bauleute aus Burgund mitwirkten, belegen Säulenkapitelle der hinteren, älteren Krypta; die vordere Krypta dagegen hat ihr Vorbild im provenzalischen St-Gilles-du-Gard, während die Gesamtkonzeption eine Verwandtschaft mit Sant'Ambrogio in Mailand erkennen läßt. An der Ausstattung waren vor allem Künstler aus dem Norden beteiligt; herausragend natürlich der spätgotische Flügelaltar von Jakob Russ (1492), der wohl reichste seiner Art in der Schweiz, aber bei weitem nicht der einzige in Graubünden. Heute sind noch über dreißig dieser kunstvoll gestalteten Altäre erhalten, manche bescheidener, andere, wie jener in Tinizong, sehr aufwendig gearbeitet. Man begegnet dabei immer wieder den gleichen Künstlernamen: dem Memminger Ivo Strigel, dem Ulmer Jörg Syrlin d. J. sowie Jörg Kändel aus Biberach.

Überhaupt hat die Gotik in Graubünden – wie im benachbarten Südtirol – viele bemerkenswerte Kunstwerke hinterlassen, die Spätgotik vor allem zahlreiche schöne Dorfkirchen (u. a. in Thusis, Stierva, Klosters, Ramosch). Auch hier setzten ausländische Baumeister wie Steffan Klain und Andreas Bühler, beide Österreicher, die Akzente; eine Ausnahme blieb Bernhard von Poschiavo, der vor allem im Engadin tätig war.

Manche dieser Gotteshäuser besitzen – zumindest in Fragmenten – noch ihre originale Ausmalung, Fresken von oft erstaunlicher Qualität, selbst in den abgelegensten Bergdörfern (wo oft schlichter Geldmangel einen »zeitgemäßen« Barockneubau verhinderte). Eine herausragende Künstlerpersönlichkeit dieser Epoche ist der sogenannte »Waltensburger Meister«, ein höfisch geschulter Vertreter der oberrheinischen Frühgotik, dem wir u. a. die vorzüglichen Wandmalereien in Lüen, Waltensburg und St. Georg bei Rhäzüns (zusammen mit dem ebenfalls unbekannten »Rhäzünser Meister«) verdanken. In der Spätgotik nimmt dann der Einfluß oberitalienischer Künstler – vor allem im Engadin – spürbar zu; gute Beispiele sind die Fresken von Sta. Maria del Castello (Mesocco), San Gian (Celerina) und in der Bergüner Pfarrkirche.

Aus Italien kommt eine ganz besondere Dekorationstechnik: das Sgraffito, auf Bündner Boden erstmals 1467 in Müstair nachgewiesen. Dabei wird auf den dunklen Verputz ein weißer Kalkanstrich aufgetragen und durch Auskratzen (ital. graffiare) das gewünschte Bild geschaffen. Diese Art des Fassadenschmucks hat vor allem im Engadin weite Verbreitung gefunden; man trifft auf sie auch im oberen Albulatal und – vereinzelt – am Hinterrhein.

Es soll aber keineswegs der Eindruck erweckt werden, »Alt Fry Rätien« hätte nur Kunst-Import gekannt; im Gegenteil, es gingen auch starke künstlerische Impulse von Bündner Boden aus. Dabei sind in erster Linie die berühmten Misoxer Barockbaumeister zu nennen, von Giovanni Albertalli über Enrico Zuccalli und Giovanni Viscardi bis zu Gabriele de Gabrieli, die im Ausland, vor allem in Bayern, Großartiges schufen. Sie hinterließen natürlich auch in Graubünden einige Kostproben ihres Könnens, u. a. in Mons, Vrin und Laax – Bauwerke von ungleich bescheidenerem Zuschnitt, aber welche Bündner Pfarrgemeinde hätte sich auch mit dem kurfürstlichen Hof in München messen wollen …

Nicht aus dem Misox, sondern aus Vorarlberg kamen die Baumeister des Klosters von Disentis, dessen großzügige Anlage den Höhepunkt des Bündner Barocks markiert. Sehenswert ist auch die Pfarrkirche des Ortes, und in der unscheinbaren Annakapelle kann man ein hervorragendes Altarblatt des Mailänders Carlo Francesco Nuvolone bewundern. Sein Namensvetter Carlo Nuvolone, genannt Panfilo, schuf den phantastischen Paradieshimmel in der alten Pfarrkirche von Savognin.

Schönster Barockbau des Puschlavs ist die Kirche Sta. Maria Assunta.

Aus einem anderen Südtal Graubündens, dem Bergell, stammen die Giacometti, Giovanni, Augusto und Alberto: Maler und Plastiker. Arbeiten von Alberto Giacometti (1901–1966), der zu Weltruhm gelangte, sind in den großen Museen Europas ausgestellt; vor allem mit seinen unverwechselbaren, dem Surrealismus verpflichteten Skulpturen ist er auch einem breiteren Publikum bekannt geworden. Und noch ein Name, der in der europäischen Kunstszene am Übergang vom Rokoko zum Klassizismus ein Begriff war: Angelika Kauffmann (1741–1807), eine der wenigen Frauen, denen es gelang, mit ihrer Malerei berühmt zu werden; in Chur geboren, wurde London zu ihrer Wahlheimat.

Weltweite Bedeutung haben auch zwei Kulturdenkmäler Graubündens: das Benediktinerinnenkloster St. Johannes Baptist in Müstair mit seinen einzigartigen karolingischen Fresken (um 800, s. S. 63) und die Kirche St. Martin in Zillis, die eine fast vollständig erhaltene bemalte Holzdecke aus der Zeit der Romanik (um 1160) bewahrt (s. S. 38).

Mit der »Entdeckung« der Alpen als Reiseziel und dem allmählich einsetzenden Tourismus wurden auch die Berge selbst zum Objekt künstlerischen Gestaltungswillens. Vor allem die Malerei fand zunehmend Gefallen an alpinen Motiven; Giovanni Segantini (1858–1899), aus dem oberitalienischen Arco stammend, war der große Maler der Bündner Berge (vgl. S. 47, 54). Einen guten Überblick bietet das Bündner Kunstmuseum in Chur; es zeigt darüber hinaus auch Werkgruppen moderner Bündner Künstler wie Turo Pedretti, Alois Carigiet und Leonhard Meisser. Die weltweit größte Sammlung von Arbeiten des deutschen Expressionisten Ernst Ludwig Kirchner ist in Davos zu besichtigen.

Nicht nur mit Pinsel und Farbe, auch mit Worten wurde versucht, die Faszination des Hochgebirges einzufangen. So setzte der Schweizer Johannes Heer (1859–1925) dem höchsten Gipfel Graubündens in seinem Roman »König der Bernina« (1900) ein Denkmal. Davos wurde durch Thomas Manns (1875–1955) »Der Zauberberg« (1924) zum Schauplatz der Weltliteratur, und schließlich bemächtigte sich sogar das Kino der Eis- und Felsriesen: 1928/29 drehte Luis Trenker (1892–1990), Bergsteigerlegende aus Südtirol, den Film »Weiße Hölle am Piz Palü«.

Jeder Abriß der Bündner Kulturlandschaft bliebe fragmentarisch ohne einen Blick auf die bäuerlichen Hausformen, die auch heute noch das Siedlungsbild der meisten Dörfer mitprägen. Aus einer historisch wie geographisch bedingten Vielfalt heben sich zwei Haustypen ab: das Engadiner und das Walser Haus.
Im Gegensatz zum Walser Haus vereinigt das Engadiner Haus die Wohn- und Wirtschaftsräume unter einem Dach. Typisch ist neben den tiefsitzenden Fenstern, die ihm einen wehrhaft-trutzigen Anstrich verleihen, und der Sgraffito-Dekoration das große Rundbogentor, hinter dem der Sulèr liegt, Durchfahrt zur Tenne und Vorraum des Wohnhauses in einem (vgl. S. 59). Anders als die Engadiner (aber auch die Mittelbündner und Oberländer) siedeln die Walser überwiegend in Einzelgehöften und Weilern (Ausnahme: Rheinwald); charakteristisch ist hier die Blockbauweise mit waagrechten Balken, die übers Eck verzahnt sind (deshalb auch der Ausdruck »Strickbauweise«), meist über einem gemauerten Sockel (vgl. S. 51).

In den italienischsprachigen Tälern dominiert der gemauerte Hauskubus südlicher Prägung, wenn auch etwa im Bergell Einflüsse aus dem benachbarten Engadin zu beobachten sind (z. B. Fenster). Ohne Gegenstück in der ganzen Schweiz sind die »Crotti« im Puschlav, einfache Rundbauten, die heute als Milchkeller dienen (vgl. S. 57).

Engadiner Haus

Hotels

Die Bündner Hotels genießen einen guten Ruf; sie sind bekannt für ihre vielseitige Küche, Sauberkeit und eine traditionell aufmerksame Betreuung des Gastes. In den Übernachtungspreisen sind Frühstück, Bedienung und Taxen inbegriffen. Bei einem Mindestaufenthalt von drei Tagen werden Pensionspreise gewährt. Ein Hotelführer für Behinderte ist beim Schweizer Invalidenverband, Postfach, CH-4601 Olten, erhältlich.

Jugendherbergen

Der Schweizerische Bund für Jugendherbergen (SJH) verfügt über rund 100 Herbergen. Sie stehen allen Gästen zur Verfügung, die einen gültigen JH-Ausweis (national oder international) besitzen. Es gibt keine Altersbeschränkung! Familien benötigen eine besondere Ausweiskarte; erhältlich beim Schweizerischen Bund für Jugendherbergen (SBJ), Postfach, CH-3001 Bern, der auch ein Verzeichnis aller Herbergen herausgibt.

Camping-Caravaning

Rund 40 Plätze, überwiegend gut eingerichtet (einige auch in der Wintersaison geöffnet), stehen in Graubünden zur Verfügung (im Führer ⛺); Vorbestellung ist zu empfehlen. Ein vollständiges Zeltplatzverzeichnis gibt alljährlich der Verband Schweizerischer Campings (VSC), Im Sydefädeli 40, CH-8037 Zürich, heraus.

Gruppenunterkünfte

Für Jugend- und Erwachsenengruppen, die eine preiswerte Unterkunft suchen, besteht in Graubünden ein gutes Angebot (Verzeichnis beim Verkehrsverein Graubünden erhältlich).

Ferien auf dem Bauernhof

Zunehmender Beliebtheit erfreuen sich – gerade bei streßgeplagten Städtern – Ferien auf dem Bauernhof. Verzeichnis beim Verkehrsverein Graubünden.

SAC-Hütten

Als Tourenstützpunkt in den Graubündner Bergen dienen in erster Linie die Schutzhütten des SAC (Schweizer Alpenclub). Sie sind nur zum Teil bewirtschaftet.

Essen und Trinken

Daß die Küchenchefs der großen Hotels, ob in Davos, im Oberengadin oder anderswo, ihr Handwerk (pardon: ihre Kunst) bestens verstehen, steht außer Zweifel; daß es sich bei ihren feinen Kreationen nicht immer um bündnerische Spezialitäten handelt, ist auch bekannt. Die Bündner Küche war seit jeher »internationalen« Einflüssen ausgesetzt, was allerdings wenig verwundert, wenn man die Lage Graubündens als europäisches Transitland bedenkt. Über die alten Paßwege fand halt so manches Rezept seinen Weg auf den bündnerischen Speisezettel... Treffliches Beispiel ist die *Polenta,* ein Maisbrei, einst verbreitete Älpler- und Bauernkost, Bestandteil z. B. der Engadiner Spezialität *Plain in Pigna* (Auflauf). Polenta eignet sich auch bestens als Beilage zu Wild, das in Graubünden nicht nur gern gegessen, sondern mit noch mehr Leidenschaft gejagt wird (alljährlich im Herbst grassiert das Jagdfieber). Beliebt an Rhein und Inn sind *Maluns* (Kartoffelgericht) und *Capuns* (Mehlspeise), in vielen Variationen zubereitet werden *Pizokels* (eine Art Riesenspätzle); und wenn's draußen kalt ist und schneit, schmeckt sie ganz besonders gut: die gehaltvolle *Bündner Gerstensuppe.*

Als die Spezialität Graubündens darf man das luftgetrocknete *Bündnerfleisch* (Bindenfleisch, nach dem verwendeten Rindfleischstück) bezeichnen; nicht zu verachten sind auch die Würste, z. B. die *Salsiz,* die *Engadiner Würste* und die *Beinwurst* (an ihr scheiden sich allerdings die Geister). Außerordentlich reich ist die Palette der Gebäcke und Süßspeisen; an erster Stelle muß wohl die *Engadiner Nußtorte* genannt werden, beliebt ist auch das feine *Birnbrot* (Früchtebrot).

Der bekannteste Bündner Wein ist ein italienischer: der *Veltliner,* rot, gehaltvoll. Obwohl das Addatal, bis 1797 Untertanengebiet der »Drei Bünde«, im Wiener Kongreß endgültig verlorenging, sind heute noch viele Rebberge in Bündner Besitz (Grumello, Sassella, Inferno, »Stägafässli«).

Es wird aber auch innerhalb der heutigen Kantonsgrenzen Wein angebaut: in der »Herrschaft« (Rheintal) vor allem ein fruchtiger *Blauburgunder* (Malanser, Jeninser, Marienfelder); im unteren Misox der *Merlot.*

Graubünden ist ein klassisches Reiseziel mit einer entsprechend hochentwickelten touristischen Infrastruktur. Nahezu unerschöpflich sind die Möglichkeiten zur Urlaubsgestaltung; die weitgespannte Palette reicht von einem erholsamen Kuraufenthalt bis zur Tourenwoche in Fels und Eis, schließt Kulturreisen ebenso ein wie etwa Surfen auf den Oberengadiner Seen.

Die folgende Aufstellung soll dem Reisenden als Entscheidungshilfe bei der Ferienplanung dienen (Orte im Register verzeichnet).

Alpenrundflüge

können vom Flugplatz Samedan aus unternommen werden; Näheres beim Verkehrsverein.

Bahnfahrten

Wenn die Schweiz als das Land der Alpenbahnen gilt, dann trifft dies auf Graubünden in ganz besonderem Maße zu. Ohne allzu große Übertreibung ließe sich das 375 km lange Streckennetz der privaten »Rhätischen Bahn« als eine einzige Folge von Brücken, Viadukten und Tunnels definieren. Beim Stichwort »Glacier-Express« schlägt wohl das Herz jedes Eisenbahnfans höher. Für die rund 300 km lange Strecke von St. Moritz nach Zermatt benötigt der »langsamste Schnellzug der Welt« etwa 7½ Std. Recht gemütlich zuckelt auch der »Bernina-Express« von Chur ins Engadin (St. Moritz) und über den Berninapaß ins Puschlav. Die Verbindung zwischen Tirol (Landeck) und dem Engadin (Scuol – St. Moritz) stellt der »Engadin-Express« her (ab München »Isar-Engadin-Express«). Eine kombinierte Bahn- und Postautofahrt bietet der »Palm-Express«, der zwischen St. Moritz und Zermatt verkehrt.

Einkaufen

Beliebte Mitbringsel sind Schokolade, Bündnerfleisch, Spirituosen, Stickereien, für Leute mit gut gepolsterter Brieftasche auch Antiquitäten, Uhren und Schmuck.

Märkte

Chur: Gäüggelimarkt (jeden 1. Samstag im Monat); Maimarkt (Ende April); Andreasmarkt (Ende November). Poschiavo: einmal pro Woche im Juli und August.

Hobby-Kurse

Die größeren Fremdenverkehrsorte bieten während der Ferienzeit Hobby-Kurse an; Informationen durch die Verkehrsvereine.

SPORT

Wintersport

Die Wintersportmöglichkeiten des Gebirgslandes Graubünden anzupreisen, hieße Eulen nach Athen tragen. Deshalb hier nur einige Stichworte, die das breit gefächerte Angebot belegen: Es gibt fast 400 Aufstiegshilfen (Seilbahnen, Skilifte usw.), rund 1500 km präparierte Pisten, etwa 1000 km Langlaufloipen, 50 Skischulen mit ca. 2000 Skilehrern, zahlreiche Natur- und Kunsteisbahnen, Rodelbahnen und geräumte Spazierwege. Besonders Wagemutige können sogar auf der St. Moritzer Bobbahn eine Fahrt versuchen (über die aktuellen Pisten- und Loipenverhältnisse informiert das Skitelefon 0041/1/120 [aus der BRD]).

Zu Weihnachten, während der Schulferien im Februar und um Ostern herrscht Hochbetrieb; Pauschalarrangements in der Nebensaison sind preisgünstiger.

Für jene, die auch während der warmen Jahreszeit nicht auf den »weißen Sport« verzichten wollen, stehen drei *Sommerskigebiete* bereit: Laax-Vorab, Corvatsch und Diavolezza.

Bergsteigen

Graubünden ist ein Dorado für Bergsteiger (und solche, die es werden wollen). Bergsteigerschulen, die Kurse für Anfänger und Fortgeschrittene sowie geführte Tourenwochen anbieten, bestehen in Klosters (Silvretta), Davos, Disentis (Surselva), Sils Maria und Pontresina. – Das Sammeln von Mineralien ist nur mit einer Bewilligung erlaubt (Gemeindeämter).

Wandern

Mit einem markierten Wegnetz von etwa 12000 km Länge ist Graubünden ein ideales Wanderland. Das Wegnetz ist allerdings erheblich weitmaschiger als in vergleichbaren Ostalpenregionen, z. B. in den Dolomiten. Wer an narrensichere Markierungen mit Nummern gewöhnt ist, muß sich etwas umstellen. Die Wege sind einheitlich mit gelben Wegweisern, Rhomben und Farbmarken gekennzeichnet; Bergpfade, die erhöhte Anforderungen stellen, sind weiß-rot-weiß bezeichnet. Gute Dienste bei der Planung und unterwegs leisten die meist vor Ort erhältlichen regionalen Wanderkarten (z. B. Davos, Oberengadin) sowie die für ihre Exaktheit bekannten Karten der Landestopographie.

Wassersport

Daß man zum Baden nicht unbedingt nach Graubünden fährt, versteht sich (der Lago di Poschiavo bietet im Hochsommer angenehme Temperaturen). Dafür kommen viele zum Segeln und Surfen ins Oberengadin (Schulen); zunehmender Beliebtheit erfreuen sich die organisierten Wildwasserfahrten (Rafting) auf Vorderrhein und Inn (Schlauchboote).

Angeln

Wer in den Flüssen und Seen Graubündens angeln will, muß eine Bewilligung auf dem entsprechenden Gemeindeamt einholen.

Reiten

Reitschulen, die z. T. auch größere Ausritte organisieren, gibt es in Arosa, Bergün, Breil, Chur, Davos, Disentis, Flims, Laax, Maienfeld, Savognin, Schiers sowie mehreren Orten im Engadin.

Radfahren

Fahrräder (schweizerisch: Velos) kann man bei zahlreichen Bahnhöfen der Rhätischen Bahn mieten. Markierte Radwanderwege gibt es im Rheintal (Fläsch – Chur – Thusis) und im Oberengadin (Silvaplana – Zernez).

Lehrpfade

Waldlehrpfade in Andeer, Disentis, Domat/Ems, Sta. Maria, Seewies im Prättigau. *Alpiner Naturlehrpfad* in Flims am Cassonsgrat. *Nationalparklehrpfad* Il Fuorn – Stabelchod. *Architekturlehrpfad* La Punt – Zuoz.

KURORTE

Klimakurorte

Ilanz, Passugg, Seewis (leichte Reizfaktoren), Arosa, Davos, Flims, Klosters, Lenzerheide, Pontresina, Scuol-Tarasp-Vulpera, Vals, Wiesen (mäßige bis kräftige Reizfaktoren), St. Moritz, Silvaplana, Sils im Engadin (intensive Reizfaktoren).

Badekurorte

Andeer, Scuol-Tarasp-Vulpera, St. Moritz, Serneus, Vals.

SEHENSWÜRDIGKEITEN

Ortsbilder

Ardez: Typisches Unterengadiner Dorf (viele Sgraffiti).
Bergrün: »Engadiner« Dorf im Albulatal.
Filisur: Straßendorf am Albulaweg, schöne Engadiner Häuser.
Guarda: »Schmuckkästchen des Engadins« (vollständig intaktes Ortsbild).
Ilanz: Altstadt mit teilweise erhaltenen Befestigungen.
Malans: Malerisches Weindorf.
Soglio: Haufendorf mit stattlichen Palazzi.
Splügen: Charaktervolles Paßdorf.
Vicosoprano: Bergeller Dorf.
Zuoz: Typisches Engadiner Dorf.

Aussichtspunkte

Arosa: Weisshorn (2653 m; Luftseilbahn).
Davos: Weissfluh (2844 m; Standseilbahn und Luftseilbahn).
Pontresina: Muottas Muragl (2453 m; Standseilbahn) und Diavolezza (2973 m; Seilschwebebahn).
Silvaplana: Piz Corvatsch (3451 m; Luftseilbahn).

Naturschönheiten

Flüsse und Seen: Marmorerasee, Oberengadiner Seen, Lai da Paluogna (Albulapaß), Lago Saoseo (Berninapaß), Tomasee (Oberalppaß).
Schluchten: Rheinschlucht, Schinschlucht, Via Mala.
Wasserfälle: Buffalora (Misox).
Täler: Greina-Hochplateau, Val Fex, Val Roseg, Val S-charl.

Technik

Avers: Lago di Lei, Staumauer.
Bergün-Preda: Albulalinie der Rhätischen Bahn (Spiraltunnels, Viadukte).
Davos: Standseilbahn zum Weissfluhjoch.
Engadin/Puschlav: Berninalinie der Rhätischen Bahn.
Filisur: Bogenviadukt der Rhätischen Bahn.
Langwies: Viadukt der Rhätischen Bahn.
San Bernardino: Nationalstraße N 13.
Vals: Zervreilasee, Staumauer.

MIT DEM FLUGZEUG

Nächstgelegener internationaler Flughafen für die Anreise nach Graubünden ist Zürich-Kloten. Von dort verkehren kleine Maschinen der Air Engiadina täglich nach Samedan/St. Moritz (Air Engiadina, St. Moritz, Tel. 0 82/3 70 08). »Fly Rail Baggage« ermöglicht den Gepäcktransport direkt bis zum Zielort; bei der Rückreise vom Bahnhof bis zum Heimatflughafen.

MIT DER EISENBAHN

Fahrkarten: Einfache Fahrkarten gelten 1 Tag (bis zu einer Distanz von 80 km) bzw. 2 Tage; Rückfahrkarten haben eine Gültigkeitsdauer von 1 Tag (bis 36 km), 2 Tagen (bis 80 km) bzw. 1 Monat. Gegen Aufpreis ist eine Verlängerung möglich. Kinder von 6 bis 16 Jahren bezahlen in der Schweiz die Hälfte.

Swiss Card. Sie gestattet freie Fahrt ab Schweizer Grenze zum Zielort, dazu beliebig viele Fahrten zum halben Preis (Bahn, Postauto, Schiff) während eines Monats.
Swiss Pass. Der »Paß« bietet freie Fahrt auf 16 000 Bahn-, Schiff- und Postauto-Kilometern sowie im öffentlichen Netz von 24 Schweizer Städten; private Busunternehmen und Bergbahnen gewähren Ermäßigung, Gültigkeitsdauer 4, 8, 15 Tage oder 1 Monat.
Swiss Flexi Pass. Gleiche Leistungen wie Swiss Pass, aber nur an drei frei wählbaren Tagen innerhalb der Gültigkeitsdauer von 15 Tagen.

Halbpreisabonnement. Mit dem neu eingeführten »Umwelt-Abo« können beliebig viele Fahrkarten (Bahn, Postauto, Bergbahn, Schiff) zum halben Preis erworben werden. Gültigkeitsdauer ein Monat (sfr 65.–) oder ein Jahr (sfr 125.–; beim Jahresabonnement Paßfoto erforderlich).

Regionaler Ferienpaß für Graubünden (Gültigkeitsdauer 15 Tage; von Frühjahr bis Herbst).

Autoreisezüge verkehren zwischen verschiedenen deutschen Großstädten und Lörrach (bei Basel) bzw. Chur/Samedan. Auskünfte durch die Deutsche Bundesbahn.

Autoverladung. Verlademöglichkeiten bestehen zwischen Thusis und Samedan (Abula) und zwischen Sedrun und Andermatt (Oberalp; nur im Winter). Vorbestellung notwendig.

MIT DEM AUTO

Für die Einreise sind Fahrzeugpapiere, nationaler Führerschein und Nationalitätszeichen erforderlich. Weitere Auskünfte durch die Automobilclubs; Touring-Club der Schweiz (TCS), Rue Pierre-Fatio 9, CH-1211 Genève; Automobil-Club der Schweiz (ACS), Wasserwerkgasse 39, CH-3000 Bern.

Treibstoffpreise. Die Benzinpreise entsprechen ungefähr jenen in Österreich, liegen z. Zt. unter den deutschen Preisen. In der Schweiz ist neben Diesel nur mehr bleifreies bzw. bleihaltiges Superbenzin erhältlich (95 bzw. 98 Oktan). – Viele Tankstellen haben auf Geld- und Kreditkarten-Automaten umgestellt oder sind am Abend nicht mehr besetzt, teilweise auch auf Autobahnen. Daher stets ein paar 10- oder 20-Franken-Banknoten mitführen!

Autobahn-Vignette. Für die Benützung der Schweizer Autobahnen (und der Nationalstraße N 13 Chur – San-Bernardino-Tunnel – Misox) wird eine Gebühr verlangt. Die »Autobahn-Vignette« kostet sfr 30.– und gilt vom 1. 12. bis zum 31. 1. des übernächsten Jahres.

Verkehrsregeln. Höchstgeschwindigkeit in geschlossenen Ortschaften 50 km/h, außerorts 80 km/h, auf Autobahnen 120 km/h. Für alle Fahrzeuge mit Anhänger besteht eine generelle Höchstgeschwindigkeit von 80 km/h, ebenso für Wagen mit Spikes-Reifen (nur vom 1. November bis 31. März zugelassen, auf Autobahnen verboten). Auf Bergstraßen hat an Engstellen der bergwärts Fahrende Vorrang (Ausnahme: die gelben Postbusse, die stets Vorfahrt haben).

Alpenpässe. Folgende Alpenpässe in Graubünden haben Wintersperre, normalerweise von Mitte November bis Mitte Mai: Albula, Lukmanier, Oberalp, San Bernardino (Tunnel ganzjährig befahrbar), Splügen, Umbrail. Bei Winterfahrten in Graubünden sollte man auf jeden Fall Schneeketten mitführen.

MIT DEM POSTAUTO

Ein gut ausgebautes Netz von Buslinien verbindet die Täler und Ortschaften Graubündens (Platzreservierung empfehlenswert, kann auf jedem Postamt vorgenommen werden). Einen Monat gültig ist das Postauto-Ferienabonnement.

Auskunftsstellen

Auskünfte und Prospekte über alle Regionen der Schweiz erhält man bei den Schweizer Verkehrsbüros.

Bundesrepublik Deutschland
D-6000 Frankfurt/M., Kaiserstraße 23; Tel. 0 69/25 60 01-24; Fax 0 69/25 60 01-38.
D-4000 Düsseldorf 1, Kasernenstraße 13; Tel. 02 11/8 09 13; Fax 02 11/13 34 36.
D-2000 Hamburg 1, Speersort 8; Tel. 0 40/32 14 69; Fax 0 40/32 39 00.
D-8000 München, Leopoldstraße 33; Tel. 0 89/33 30 18; Fax 0 89/34 53 46.
D-7000 Stuttgart 1, Neue Brücke 6; Tel. 07 11/29 65 45; Fax 0 7 11/22 62 769.

Österreich
A-1010 Wien, Kärntner Straße 20; Tel. 02 22/5 12 74 45; Fax 02 22/5 13 93 35.

Schweizerische Verkehrszentrale
CH-8027 Zürich, Bellariastraße 38; Tel. 01/2 88 11 11; Fax 01/2 88 12 05.

Touristische Informationen über Graubünden erteilt der Verkehrsverein Graubünden, CH-7001 Chur, Alexanderstraße 24; Tel. 0 85/9 61 00; Fax 0 85/9 14 14.

Bedienungs- und Trinkgelder

werden im allgemeinen wie in Deutschland und Österreich berechnet (im Gastgewerbe gilt »service compris« – Bedienung inbegriffen).

Diplomatische Vertretungen

Bundesrepublik Deutschland
CH-3006 Bern, Willadingweg 83 (Botschaft).

Österreich
CH-3006 Bern, Kirchenfeldstraße 28 (Botschaft).

Schweizerische Vertretungen
5300 Bonn 2, Gotenstraße 156 (Botschaft). Konsulate in Berlin, Düsseldorf, Frankfurt, Freiburg, Hamburg, München und Stuttgart.
1030 Wien, Prinz-Eugen-Straße 7 (Botschaft). Konsulat in Bregenz.

Einreisebestimmungen

Touristen aus Österreich und der Bundesrepublik Deutschland benötigen für die Einreise in die Schweiz einen Reisepaß oder einen Personalausweis, sofern die Aufenthaltsdauer drei Monate nicht überschreitet. Für Kinder bis zu 16 Jahren, die nicht in den Paß der Eltern eingetragen sind, ist ein Kinderausweis erforderlich (ab 10 Jahren mit Foto).

Fahrräder

können an einigen größeren Bahnhöfen der SBB bzw. der Rhätischen Bahn oder in den Büros des TCS (Touring-Club der Schweiz) gemietet werden. Die meisten Fremdenverkehrsorte verleihen auch Mountainbikes.

Feiertage

Als allgemeine Feiertage gelten in der Schweiz: Neujahr, Karfreitag, Ostermontag, Christi Himmelfahrt, Pfingstmontag und Weihnachten. Dazu kommen konfessionelle Feiertage, die in den entsprechenden Gegenden gefeiert werden: Berchtoldstag (2. Januar), Fronleichnam, Mariä Himmelfahrt (15. August), Allerheiligen (1. November), Mariä Empfängnis (8. Dezember) und Stephanstag (26. Dezember). Der 1. Mai und der 1. August (Nationalfeiertag) werden nicht überall in der Schweiz als Feiertag begangen.

Geld

Devisenvorschriften

Schweizerische und ausländische Zahlungsmittel dürfen in uneingeschränkter Höhe ein- und ausgeführt werden.

Währungseinheit

Münzeinheit ist der Schweizer Franken (sfr oder Fr) = 100 Rappen (Rp oder ct). Im Umlauf sind Banknoten zu 1000, 500, 100, 50, 20 und 10 sfr, Münzen zu 5, 2, 1, ½ sfr sowie zu 20, 10, 5 und 1 Rp.

Geldwechsel/Kurs

Die eingeführten ausländischen Zahlungsmittel werden bei Banken, Wechselstuben, auf Bahnhöfen, in Reisebüros und größeren Hotels in Schweizer Franken umgetauscht. Die aktuellen Kurse erfährt man bei jeder Bank. Mit dem deutschen Postsparbuch können auf allen Postämtern sfr bis zum Gegenwert von höchstens 2000 DM (je Postsparbuch) innerhalb von 30 Tagen abgehoben werden.

Euroschecks werden in allen Schweizer Banken bis in Höhe von 300 sfr angenommen. 100 sfr entsprechen etwa 112 DM bzw. 780 öS. In vielen Geschäften der größeren Fremdenverkehrsorte kann man auch mit Kreditkarten bezahlen (Hinweise finden sich meist am Eingang).

Haustiere

Für Hunde und Katzen benötigt man bei der Einreise ein tierärztliches Zeugnis, wonach das Tier gegen Tollwut geimpft ist. Die Impfung muß mindestens 30 Tage vor dem Grenzübertritt vorgenommen werden, darf aber nicht älter als ein Jahr sein.

Mietwagen

werden in den Städten und großen Ferienorten von den einschlägigen Firmen vermietet. Bahnbenutzer können in Chur den Mietwagendienst der SBB in Anspruch nehmen.

Netzspannung

Sie beträgt 220 Volt Wechselstrom. Schukostekker sind nicht verwendbar.

Notrufe

Polizei Tel. 117. – Feuerwehr Tel. 118. – Straßenhilfe Tel. 140.

Öffnungszeiten

Banken: Montag bis Freitag 9–12 und 14–16.30 Uhr, Samstag geschlossen.

Behörden: Montag bis Freitag 8–12 und 14–18 Uhr, Samstag geschlossen.

Geschäfte: Montag bis Freitag 8–12.30 und 13.30–18.30 Uhr, Samstag bis 16 Uhr; in den Städten oft auch über Mittag geöffnet, dafür am Montagvormittag geschlossen.

Post: Montag bis Freitag 7.30–12 und 13.45–18 Uhr, Samstag 7.30–11 Uhr.

Kirchen: Auch in Graubünden trifft man oft auf verschlossene Kirchentüren, eine Folge der immer stärker um sich greifenden Diebstähle. Den Kirchenschlüssel erhält man in der Pfarrei, gelegentlich auch in einem Nachbarhaus oder einem nahegelegenen Gasthof.

Museen: Die Öffnungszeiten sind sehr unterschiedlich; im Winter sind viele Ortsmuseen geschlossen. In diesem Führer sind die Öffnungszeiten der wichtigeren Museen vermerkt; weitere Informationen durch die Verkehrsvereine.

Parkgebühren

In Chur sowie in den großen Fremdenverkehrszentren bestehen teilweise Kurzparkzonen mit Parkuhren. Es empfiehlt sich deshalb, stets etwas Kleingeld zur Hand zu haben (20-Rappen-, 50-Rappen- und 1-sfr-Stücke). In Chur, Davos und St. Moritz gibt es Parkhäuser.

Postgebühren

Inlandsporto für Briefe und Postkarten 50 Rp, Porto für Briefe/Postkarten nach Deutschland und Österreich: eilige Sendung 90 Rp, nicht eilige Sendung 70 Rp.

Straßenzustand

Aktuelle Informationen unter Tel. 163.

Telefon

Das gesamte Netz ist voll automatisiert, Direktwahl auch ins Ausland: in die Bundesrepublik Deutschland Vorwahl 00 49, nach Österreich 00 43. Die Schweiz wird von der Bundesrepublik Deutschland aus unter der Vorwahl 00 41, von Österreich aus unter 0 50 angewählt. Der Mindesteinwurf bei Münzfernsprechern beträgt zwei 20-Rappen-Münzen.

Veranstaltungen

Veranstaltungsprogramme werden regelmäßig von den Verkehrsvereinen herausgegeben. Auf bedeutende Veranstaltungen wird im Führer bei den entsprechenden Orten hingewiesen. Aktuelle Veranstaltungshinweise auch unter Tel. 120.

Wetterbericht

Jederzeit unter Tel. 162.

Zollvorschriften

Bei der Einreise in die Schweiz sind pro erwachsene Person die für den persönlichen Gebrauch bestimmten Gegenstände wie Kleider, Kameras, Sportgeräte, Musikinstrumente, ferner Reiseproviant für einen Tag, Geschenke im Wert bis 100 sfr sowie 2 l Alkohol unter 15 Vol.-% und 1 l über 15 Vol.-%, 200 Zigaretten oder 50 Zigarren oder 250 g Tabak zollfrei zugelassen.

Bei der Wiedereinreise ins Heimatland sind pro Person (über 17 Jahre) zollfrei: 200 Zigaretten oder 50 Zigarren oder 250 g Tabak, 1 l Spirituosen über 22 Vol.-% und 2 l unter 22 Vol.-% sowie Geschenke bis zu einem Gesamtwert von 115 DM bzw. 1000 öS.

* Chur

Rund 33 000 Einwohner zählt Chur (585 m), die weitaus größte Stadt Graubündens, mit einer Siedlungsgeschichte von ca. 5000 Jahren die älteste Stadt der Schweiz, das klassische Tor zur Bündner Bergwelt. Für die meisten Schweizer (und für viele Touristen aus dem Norden) ist die Kantonshauptstadt nur Durchgangsstation auf dem Weg zu ihrem Ferienparadies. Doch in den Gassen der kleinen Altstadt, die sich zu Füßen des »Hofs« ausbreitet, entdeckt man ein anderes Chur, in Jahrhunderten gewachsen, durch den Handel – vor allem mit Italien –, aber auch durch Söldnerdienste bei fremden Mächten zu Wohlstand gelangt. Hier verbinden sich – noch heute sichtbar – bündnerische Eigenart mit südländischem Ambiente. Wen wundert's da, daß der bekannteste Bündner Wein, der *Veltliner,* aus Italien stammt, aus dem Veltlin, das bis 1797 Untertanenland Graubündens war?

Geschichte

Die Geschichte Churs ist die Geschichte der rätischen Pässe; sie waren Grundlage des blühenden Handels, rissen Chur aber immer wieder in die Strudel europäischer Machtpolitik – im Dreißigjährigen Krieg etwa oder während der Napoleonischen Kriege (s. S. 8).

Stein- und bronzezeitliche Siedlungsspuren sind westlich der Plessur, im heutigen Welschdörfli, ausgegraben worden (teilweise im Rätischen Museum zu besichtigen). In der Eisenzeit drangen die Kelten in den Alpenraum vor; der Name »Chur« ist möglicherweise keltischen Ursprungs (Kora = Stamm, Sippe). Nach der Eroberung Rätiens durch die Römer (15 v. Chr.) wurde Curia Raetorum zur Hauptstadt der Provinz »Raetia prima«, die sich von Oberbayern bis zum Lago Maggiore erstreckte. Um die Mitte des 4. Jahrhunderts war Chur bereits Bischofssitz. Unter Barbarossa wurden die geistlichen Herren auch Fürsten des Heiligen Römischen Reiches Deutscher Nation (1170) und damit mächtige Landesherren. Mit dem Niedergang des Feudalismus schwand ihre Autorität; die Reformation – 1523 von Johannes Comander, einem Freund Zwinglis, eingeführt – machte schließlich den Bruch zwischen Stadt und Bistum endgültig; letzteres blieb bis 1854 eine politische und konfessionelle Enklave. Seit 1803 ist Chur die Hauptstadt des Kantons Graubünden.

SEHENSWÜRDIGKEITEN

Die Churer Alstadt breitet sich am Fuß des Mittenberges aus, erstreckt sich südlich bis zur Plessur, westlich bis zur *Grabenstraße,* deren Name verrät, daß hier einst Stadtgraben und -mauer verliefen. Von diesen mittelalterlichen Befestigungen ist nur mehr wenig erhalten, neben dem Pulverturm vor allem noch das

Obertor [1] bei der Plessurbrücke. Dahinter, in den verwinkelten Gassen von »Alt-Chur«, entdeckt man noch viel historische Bausubstanz – Bürger- und Zunfthäuser des 15.–18. Jahrhunderts –, wenngleich der »Fortschritt« auch hier manche Lücke gerissen hat. Man sollte sich für diesen Bummel genügend Zeit lassen, die Atmosphäre der Stadt aufnehmen, vielleicht in einem alten Lokal einkehren zu Bündnerfleisch und »Herrschäftler«-Wein. Als Orientierungshilfe dienen die vom Verkehrsverein angebrachten (roten) Fußspuren; sie leiten – vom Bahnhof ausgehend – über den verkehrsreichen Postplatz in die Alstadt und hinauf zum »Hof«.

An der *Poststraße* steht rechter Hand das »Alte Gebäu«, eines der bedeutendsten Herrschaftshäuser des Kantons (1727–1730), heute Gericht, mit großzügiger Treppenanlage, kunstvollem Régencestuck und Deckengemälden von Gian Pietro Ligari aus Sóndrio. – Schräg gegenüber das

Rathaus [2], dessen mächtiges Satteldach die Giebellandschaft rundum deutlich überragt. Es erhielt seine heutige Gestalt nach dem verheerenden Stadtbrand von 1464; bemerkenswert ist die offene Halle, einer lombardischen Loggia nachempfunden. Die Ratsstube beherbergt einen prunkvollen Turmofen aus der Werkstatt des Winterthurers Hans Heinrich Pfau (1632); im Ratssaal von 1494 tagte am 20. April 1803 erstmals der Große Rat des neuen Schweizer Kantons Graubünden (Auskunft über Besichtigungsmöglichkeit durch das Verkehrsbüro, s. S. 20).

Der Rathaus-Durchgang, im 18. Jahrhundert »Sust« (Warenumschlagplatz), öffnet sich zur *Reichsgasse,* ebenfalls mit altem Baubestand. Im Haus Nr. 57 wurde 1741 die berühmte Malerin Angelika Kauffmann geboren. Weiter nördlich liegt rechts das

Graue Haus [3], 1751/52 erbaut, ein viergeschossiger Herrschaftssitz mit großem Walmdach, jetzt Regierungssitz. Der Obelisk in der kleinen Grünanlage gegenüber erinnert an den Zusammenschluß der »Drei Bünde« (1471).

Mittelpunkt der kleinen Altstadt ist der stimmungsvolle *Martinsplatz,* auf dem mehrere Gassen zusammenlaufen. Die

Pfarrkirche St. Martin [4], in der zweiten Hälfte des 15. Jahrhunderts von dem Österreicher Steffan Klein errichtet, steht auf den Fundamenten einer karolingischen Saalkirche, die 1464 abbrannte. Der in einfachen Formen gehaltene Innenraum strahlt kühle, zurückhaltende Harmonie aus; man hat ihn oft als »bauliche Vorwegnahme« der sich ankündigenden Glaubenserneuerung bezeichnet. Das Chorgestühl stammt aus der Werkstatt des Jakob Russ (um 1500); die farbigen Glasfenster an der Nordseite sind das Werk des Bergellers Augusto Giacometti (1918).

Über der Stadt erhebt sich, gleichsam einstige Machtverhältnisse symbolisierend, der mächtige Komplex des »Hofs« – Festung und Gotteshaus in einem. Die Anlage besaß ursprünglich fünf Türme, von denen zwei noch erhalten sind; der mittelalterliche Mauerring wurde später in die Häuserflucht integriert, wodurch der wehrhafte Charakter etwas verlorenging, das *Bischöfliche Schloß* 1732/33 in österreichischem Barock umgebaut. Den Zugang von »unten«, aus der Altstadt, vermittelt der Torturm. An der Ostseite des stimmungsvollen, brunnengeschmückten Innenhofs steht die

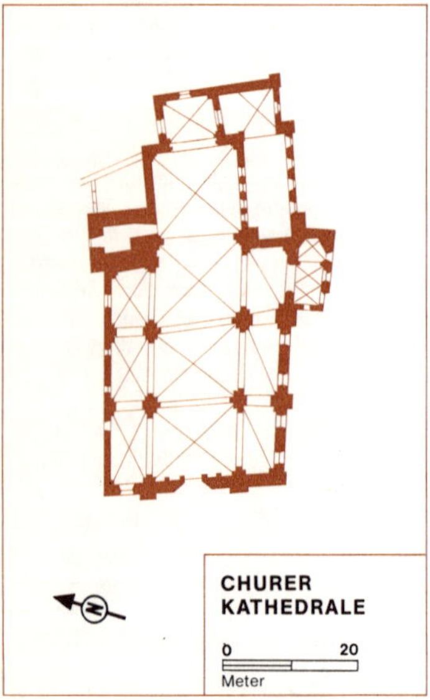

**** Kathedrale** [5], mit ihrem sehr einfach gehaltenen Äußeren eher trutzig denn einladend wirkend: ein Denkmal der Romanik, trotz Spitzbogen und verhälnismäßig später Entstehungszeit (1151 bis 1272), aber auch ein Kompendium verschiedener Einflüsse, Spiegel der Funktion Churs im Alpentransit. Die vordere der beiden Krypten beispielsweise hat ihr Vorbild in St-Gilles-du-Gard (Provence); lombardische und burgundische Stilelemente sind nachgewiesen, ja, man entdeckt sogar maurische Hufeisenbogen an diesem ungewöhnlichen Bauwerk! Ungeklärt bleibt allerdings, ob diese islamischen Formen im Gefolge der Kreuzzüge oder möglicherweise durch Kaiser Friedrich II., der 1212 eine Italienreise unternahm, nach Chur gelangten. Der seltsam abgewinkelte, allen Regeln der (Bau-)Kunst widersprechende Grundriß dagegen hat seine Ursache nicht, wie man vielleicht annehmen möchte, in schlichter Nachlässigkeit; er ist vielmehr eine Folge bauherrlicher Eitelkeit. Nach der Verleihung des Fürstentitels (1170) genügte den Bischöfen die ursprüngliche Planung nicht mehr; das nun erheblich größere Gebäude ließ sich aber – des beschränkten Platzes wegen – nur mehr unter Verzicht auf Symmetrie verwirklichen ...

Außergewöhnlich wie die Architektur ist auch der reiche plastische * Schmuck der Churer Kathedrale, mit deutlichen Bezügen zu norditalienischen und provenzalischen Werken: Hauptportal, Figurenkapitelle, am Eingang zu den Krypten vier hervorragende Apostelfiguren (ursprünglich Kanzelträger, Anfang 13. Jh.). Kostbarstes Stück der Ausstattung, die auf den Besucher fast wie ein Abriß sakraler Kunst von der karolingischen Zeit bis zum Barock wirkt, ist der spätgotische ** Flügelaltar von Jakob Russ (1486 bis 1492), der schönste seiner Art in der Schweiz. Hervorzuheben sind weiter das zierliche steinerne Sakramentshäuschen (1484), der spätgotische St.-Luzius-Altar (1511) aus dem Kloster Churwalden, der um 1510 entstandene Katharinenaltar, dessen Mittelbild stilistisch an die Holzschnitte Dürers erinnert, und die Barockkanzel. Am Laurentius- sowie am Kryptenaltar sind die 1921 gefundenen karolingischen Marmorplatten eingesetzt. Im südlichen Seitenschiff steht der Sarkophag des Bischofs Ortlieb von Brandis

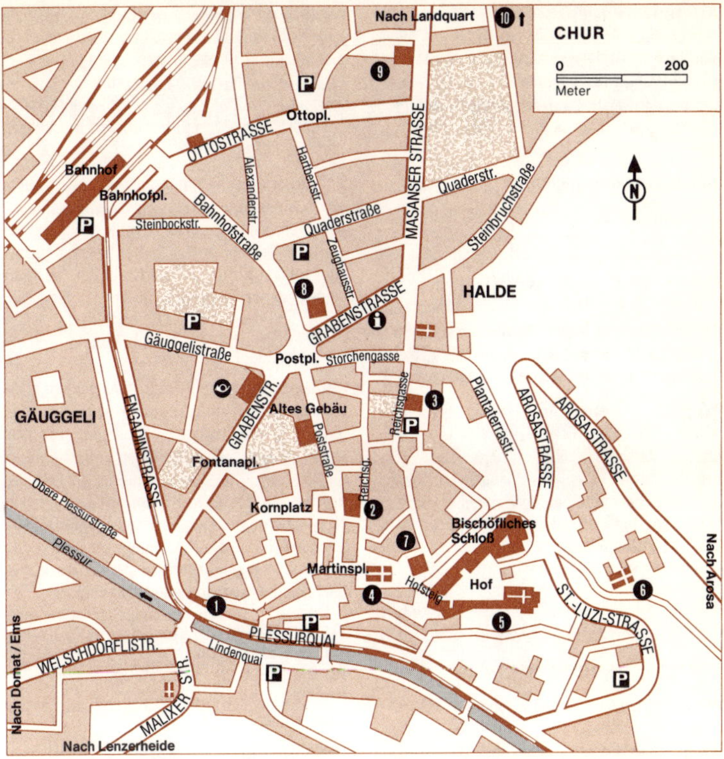

(Jakob Russ, 1485); neben dem Katharinenaltar das Grab des 1639 in Chur ermordeten Bündner Staatsmanns Jörg Jenatsch.

Nicht versäumen darf man einen Besuch im ****Dommuseum.* **Es zeigt Kunstschätze aus zwei Jahrtausenden; als Beispiele seien hier erwähnt: ein spätantiker Reliquiensarkophag, ein Arzneikästchen aus Elfenbein (um 400), der berühmte »Simsonstoff« (byzantinisch oder ägyptisch, 6./7. Jh.), ein karolingisches Bursenreliquiar (8. Jh.), ein Bronze-Kreuzfuß (um 1100), der Reliquienschrein des heiligen Luzius (1252), ein gotischer Reliquienschrein in Hausform (Anfang 14. Jh.), mehrere Reliquienbüsten. (Zugang von der hinteren Krypta; wenn geschlossen, beim Domsakristan läuten, Hof 2.)**

Oberhalb des Bischöflichen Hofs liegt das ehemalige Prämonstratenserkloster mit der

Kirche St. Luzi [6]. Seine besondere kulturhistorische Bedeutung gewinnt das im 12. Jahrhundert umgebaute Gotteshaus durch eine völlig intakte **Ringkrypta* der früheren Dreiapsiden-Saalkirche (8. Jh.).

Noch weiter in die Vergangenheit weisen die Ausgrabungen der *Stephanskirche* in unmittelbarer Nachbarschaft von St. Luzi. Unter der um 500 errichteten Kirche entdeckte man ein frühchristliches Hypogäum (etwa 450), bei dem es sich wahrscheinlich um die ehemalige Grablege der Churer Bischöfe handelt (Schlüssel im Sekretariat der Kantonsschule).

Nicht unerwähnt bleiben dürfen natürlich die Museen der Stadt, welche Einblicke in Kunst und Kultur, Geschichte und Volkskunde Graubündens vermitteln.

Das

Rätische Museum [7] im Haus Buol ist der Kulturgeschichte des Kantons gewidmet. Das

Kunstmuseum [8] am Postplatz zeigt vor allem Werke von Bündner Künstlern wie Angelika Kauffmann, Bartélemy Menn, Giovanni, Augusto und Alberto Giacometti, ferner einige Arbeiten des deutschen Expressionisten Ernst Ludwig Kirchner, der lange in Davos lebte.
Das

Bündner Naturmuseum [9] an der Masanser Straße präsentiert in einer lebendigen Schau Flora und Fauna, Geologie und Mineralien der Bergwelt zwischen Rätikon und Bernina (alle drei Museen: 🕓 Di–So 10–12 und 14–17 Uhr, das Kunstmuseum am Do von 10–20 Uhr).

Daß die Churer Gegend als Weinbaugebiet eine lange, bis in die römische Zeit zurückliegende Tradition hat, belegt das 1987 eröffnete

Weinbaumuseum Chur [10] im sogenannten »Neubruchtorkel« (Ecke Neubruch- und Falknisstraße), dessen Torkel (= Weinkelter) – 1604 erbaut und mit dem 14,5 m langen Torkelbaum die größte bekannte Baumpresse der Ostschweiz – bis 1962 in Betrieb war (🕓 Mi und So 14–17 Uhr, Mai bis Oktober).

Einige prächtige Pferdekutschen samt Geschirr, mit denen man früher über die Alpen reiste, kann man im »Romantik Hotel Stern« bewundern.

PRAKTISCHE HINWEISE

ℹ Verkehrsbüro, Grabenstraße 5, CH-7002 Chur; Tel. 0 81/22 18 18; Fax 0 81/22 90 76.
⌂⌂⌂ »Duc de Rohan«; »Romantik Hotel Stern«; »Posthotel«; »ABC-Terminus« (garni).
⌂⌂ »Zunfthaus zur Rebleuten«; »Krone«.
⌂ »City-Hotel«; »Annahof«.
⛺ Berggasse 28. – ⛺ »Camp Au«.

AUSFLÜGE

Brambrüesch (1595 m). Ein beliebtes stadtnahes Wander- und Skigebiet ist die Region Brambrüesch-Dreibündenstein, bequem erreichbar mit einer Luftseilbahn, die ihre Talstation im Westen von Chur, an der Kasernenstraße, hat. Von Brambrüesch bietet sich ein stimmungsvoller Blick ins Churer Rheintal; das große Gebirgspanorama präsentiert sich vom flachen Rücken des *Dreibündensteins* (2174 m), zu Fuß auf markiertem Wanderweg in knapp 2 Std. erreichbar.
⌂ »Sporthotel Brambrüesch«.

Rabiusaschlucht. Ein schöner, überwiegend schattiger Spaziergang für jung und alt führt durch diese malerische Klamm, die die am Stätzer Horn (2574 m) entspringende *Rabiusa* vor ihrer Mündung in die Plessur südlich von Chur durchfließt (guter Steig, Rückweg via Passüggli zum Kurhaus Passugg, 1 ¼ Std.).

Tschiertschen (1351 m; 200 Einw.), 11 km ab Chur, auf der Südseite des unteren Schanfigg gelegen, ist ein ruhiger Familien-Ferienort. Auffallend gut erhalten präsentiert sich das Ortsbild des Walserdorfes mit einigen schönen Holzhäusern. Ein vielbegangener Wanderweg führt taleinwärts über die *Ochsenalp* (1936 m) nach Maran und Arosa (4 Std.). Zufahrt nach Tschiertschen über die Julierstraße, Passugg und Praden.

⌂⌂ »Alpina«.
⌂ »Carmenna«; »Brüesch«.

Haldenstein (572 m; 700 Einw.) ist eine Besonderheit der Bündner Geschichte. Der Flekken, etwa 4 km nördlich von Chur links des Rheins gelegen, war über Jahrhunderte hinweg ein Zwergstaat mit eigener Rechtsprechung und von 1612–1770 sogar mit einem eigenen, von Kaiser Matthias verliehenen Münzrecht! An diese längst vergangenen Zeiten erinnern heute noch drei Burgruinen, die malerisch über dem Dorf thronen, sowie das stattliche

***Schloß Haldenstein,** 1544–1548 von Johann de Castion, dem Gesandten Frankreichs bei den »Drei Bünden«, errichtet – so prunkvoll, daß man es damals mit einem Königshof verglich. Unter Gubert von Salis-Meienfeld im 18. Jahrhundert großzügig ausgebaut, beherbergte es von 1763–1771 das »Philanthropin«, eine bedeutende Eliteschule, hervorgegangen aus der geistigen Erneuerungsbewegung der Aufklärung. Später verkam das Schloß mehr und mehr, große Teile des kostbaren Interieurs wurden verschleudert. So befindet sich die Prunkstube von 1548 (die als schönste Frührenaissance-Täfelung der Schweiz gilt) heute im Ostberliner Schloß Köpenick.

Haldenstein ist Ausgangspunkt für die Besteigung des *Haldensteiner Calanda* (2806 m), eine lohnende, wenig schwierige, aber sehr lange Tour. Bis zum Gipfel muß man mit einer Gehzeit von 6–7 Std. rechnen, weshalb es sich empfiehlt, in der Calandahütte (2073 m) des SAC zu nächtigen. Das großartige Panorama reicht von den Berner Alpen bis zum Ortler. Und unten in Haldenstein, nach »vollbrachter Tat«, darf man sich schon ein großes Bier genehmigen, notabene aus jener Brauerei, die dem Berg ihren Namen verdankt ...

Luziensteig – Landquart – * Chur (27 km)

Karte s. S. 24/25.

Klassisches Tor zur Bündner Bergwelt ist das Rheintal, in dem an der heutigen Grenze zum Kanton St. Gallen der »Züricher Weg« und der vom Bodensee kommende »Deutsche Weg« zusammentreffen. Im Gegensatz zur modernen »deutschen Straße«, der Autobahn N 13, ging die alte Reichsstraße – der versumpften Rheinebene ausweichend – über die *Luziensteig,* einen kleinen Paß im Rücken des Fläscher Berges (1135 m). Heute gut ausgebaut, vermittelt sie eine reizvolle Nordzufahrt ins »Land der 150 Täler«; dabei bietet sich Gelegenheit, einen besonders hübschen Winkel Graubündens kennenzulernen: die »Herrschaft«, das bedeutendste Rebbaugebiet des Kantons, dessen Ortsnamen (Maienfels, Malans, Jenins, Fläsch) für sehr geschätzte Rotweine stehen. Berühmt geworden ist die Gegend aber durch den Jugendbuch-Klassiker »Heidi« von Johanna Spyri (1827–1901): vielfach übersetzt, verfilmt, von Fremdenverkehrsstrategen jüngst sogar für ganz Bünden werbewirksam eingesetzt (»Heidiland«). Daß man auf der alten Kantonstraße durch die »Herrschaft« wieder zunehmend Durchgangsverkehr registriert, ist auf die Einführung der Autobahn-Vignette zurückzuführen, deren Kauf so von den aus dem Norden Anreisenden umgangen wird ...

Auf der Fahrt vom liechtensteinischen Balzers (474 m) hinauf zur

Luziensteig (713 m) passiert man kurz vor der Scheitelhöhe eine mächtige Festung, die das ganze Tälchen abriegelt. Bereits im Mittelalter bestand hier eine Schanze, die den Nordzugang nach Graubünden sichern sollte; sie war im Schwabenkrieg (1499) stark umkämpft. Die bestehende Anlage geht im Kern auf das frühe 18. Jahrhundert zurück; ihre Funktion hat sie natürlich längst eingebüßt, wenn auch die Schweizer Armee hier fleißig den Ernstfall übt (und dabei vor ein paar Jahren einen Bannwald knapp jenseits der Landesgrenze in Brand geschossen hat ...).

Die »Bündner Herrschaft«, im Winkel zwischen Rhein, Landquart und dem Falknismassiv gelegen, ist der Weinkeller Graubündens. Auf den fruchtbaren Schwemmböden gedeiht, gegen kalte Nordwinde abgeschirmt, von Sonne und Föhn zu voller Reife gebracht, der süffige »Herrschäftler«. Der Überlieferung nach sollen Römer die ersten Weinstöcke eingeführt haben; urkundlich wird der Rebbau aber erst im Frühmittelalter erwähnt. Im 16. Jahrhundert erwarben die »Drei Bünde« die Herrschaften Maienfeld (1509) und Aspermont (1536) – daher der Name »Bündner Herrschaft«. Die Vögte sind längst verschwunden, die Burgen zu Ruinen verfallen; geblieben ist die bezaubernde Landschaft, der Rainer Maria Rilke sogar ein Gedicht (»Die Weide von Salenegg«) widmete. Ein anderer berühmter Dichter, John Knittel (1891–1970), verbrachte hier seinen Lebensabend. Mit seinem Roman »Via Mala« setzte er einem Bündner Naturwunder ein literarisches Denkmal.

Maienfeld (518 m; 1700 Einw.), 5 km, etwas abseits des Rheins am Fuß eines mächtigen Schuttkegels gelegen, ist ein schmuckes altes Städtchen. Es entwickelte sich an der Stelle der römischen Brückenstation »Magia« aus einem 831 urkundlich erwähnten Königshof. Im Ortsbild fällt der mächtige Turm (Restaurant) von *Schloß Brandis* auf, wohl aus dem 13. Jahrhundert, mit bemerkenswerten profanen Wandmalereien im zweitobersten Geschoß, einem Frühwerk des »Waltensburger Meisters« (um 1320). Am brunnengeschmückten Städtliplatz stehen das Rathaus (Ende 16. Jh.) und das stattliche Sprecher-Haus von 1643, an der Straße zur Luziensteig liegt in den Weinbergen *Schloß Salenegg,* eines der reizvollsten Herrenhäuser Graubündens, 1604 erbaut, später dann mehrfach erweitert.

Wer auf den Spuren von »Heidi« wandeln möchte, kann dies auf einem der beiden »Heidiwege« tun, die von Maienfeld ausgehen: auf dem rot markierten 1½stündigen Rundweg oder auf dem grün gekennzeichneten »Großen Heidiweg« (4½ Std.), der bis zur »Heidialp« am Ochsenberg (1111 m) ansteigt.

⌂⌂ »Heidihof«.
⌂ »Falknis«.

Via *Jenins* (635 m), das inmitten von Rebbergen liegt und von der Burgruine Neu-Aspermont überragt wird (Fußweg 40 Min.), kommt man rasch nach

1

***Malans** (570 m; 1500 Einw.), 10 km. Das freundliche Weindorf mit seinen behäbigen, Wohlstand verratenden Bürgerhäusern lädt ein zum Verweilen, zur Rast, vielleicht bei einem Glas »Malanser« und Bündnerfleisch in der »Krone«, wo noch ein alter »Torkel« (Weinpresse) zu besichtigen wäre. Aber auch sonst gibt es manches zu sehen: die ehemaligen Häuser der Familie Planta mitten im Ort, das Rathaus, nach dem verheerenden Dorfbrand von 1684 neu errichtet, die Pfarrkirche die sich mit ihrem hohen Turm sehr gut in die Umgebung einfügt (im Innern Rokokostukkaturen von 1773), oder das malerisch-verspielte Weinberghäuschen Plan da Ditsch mit seinem zwiebelgekrönten Dachreiter (Mitte 18. Jh.). – Etwas höher am Hang liegt **Schloß Bothmar,* ein stattlicher Baukomplex, in mehreren Etappen zwischen dem 16. und dem 18. Jahrhundert entstanden (barocke Gartenanlage, vorzügliche Interieurs; nicht zugänglich).

»Hausberg« von Malans ist der *Vilan* (2376 m), ein bekannter Aussichtsberg, der sich nördlich über dem Dorf erhebt. Eine Kleinkabinen-Seilbahn (Fahrtzeiten im Ort erfragen) verkürzt den langen Anstieg ganz erheblich; von der Bergstation Älpli (1801 m) ist man zu Fuß in knapp 2 Std. am Gipfel, der eine bemerkenswerte Aussicht, vor allem aber packende Tiefblicke ins Rheintal und ins Prättigau gewährt. Im Nordosten steht die Schesaplana (2964 m), höchste Erhebung des Rätikons (vgl. S. 50).

⌂ »Weiss Kreuz«; »Krone«

Bei

Landquart (523 m; 3500 Einw.), 12 km, überquert man den gleichnamigen Fluß, der im Silvrettamassiv entspringt und das Prättigau durchläuft (nach Davos 42 km; siehe Route 7).

⌂⌂ »Falknis«. – ⌂ »Central«.
⛺ »Neue Ganda«.

Zwischen Landquart und der Kantonshauptstadt Chur liegen im Rheintal die sogenannten »Fünf Dörfer«: Igis, Zizers, Trimmis, Untervaz und Haldenstein, die drei erstgenannten einst Stationen an der »Deutschen Straße«, Haldenstein bis 1803 eine Freiherrschaft und keinem der »Drei Bünde« angeschlossen (vgl. S. 20). Zahlreiche Burgruinen und Schlösser künden noch von vergangenen Zeiten, obwohl die Gegenwart ins Bild des Tals markante (und nicht immer ansehnliche) Akzente gesetzt hat. Industrieanlagen und ein stetig wachsendes Verkehrsaufkommen machen auch hier Wald und Gewässern zu schaffen.

Schloß Marschlins

Außerhalb von

Igis (563 m; 1200 Einw.), 15 km, liegt in der Ebene – weithin sichtbar – das **Schloß Marschlins,* einziges Bündner Beispiel einer Wasserburg. Die rechteckige Anlage mit ihren vier Türmen geht im Kern auf das 13. Jahrhundert zurück, wurde später allerdings wiederholt umgebaut, u. a. 1633 von Marschall Ulysses von Salis (1594–1674), dessen Grabmal sich in der Kirche von Igis befindet. Über dem Dorf thront auf einem Felssporn die Ruine Falkenstein.

Wahrzeichen von

Zizers (561 m; 2500 Einw.), 16 km, ist der Kuppelturm des »Unteren Schlosses« (17. Jh.); beim »Oberen Schloß« handelt es sich um ein herrschaftliches Landhaus des 17. Jahrhunderts. Beachtenswert auch die katholische Pfarrkirche mit einheitlicher Ausstattung aus der Zeit nach dem Dorfbrand von 1767.

Auf der Weiterfahrt Richtung Chur fallen an der östlichen Talflanke gewaltige, tief eingerissene »Tobel« (Schluchten) ins Auge, hinter Zizers und bei

Trimmis (637 m; 1800 Einw.), 21 km, das etwas abseits der Hauptstraße auf dem Schwemmkegel des Valturtobels liegt. Ein schmales Serpentinensträßchen zieht am Steilhang hinauf nach *Says* (1095 m; 4 km); es führt mehrfach knapp an schwindelnde Steilabstürze heran (zu Fuß 1 ¼ Std.). Sehr lohnend ist die Rundwanderung über Waltanna und Spundätscha (1636 m) zum Sayser Grat, mit Abstieg von Stams (1645 m) via Says nach Trimmis; etwas Ausdauer ist dabei allerdings erforderlich (ca. 6 Std.).

***Chur** (s. S. 17), 27 km.

* Chur – * Arosa (30 km)

Karte s. S. 24/25.

Wer »Schanfigg« sagt, meint in der Regel *Arosa,* den berühmten, traditionsreichen Ferien- und Erholungsort mit seinem Heilklima, den herrlichen Skiabfahrten, seinen vielfältigen Wander- und Tourenmöglichkeiten. Aber natürlich gibt es im Tal der Plessur noch mehr zu sehen. Eile verbietet sich auf dem Abstecher ins **Schanfigg* fast von selbst; dafür sorgt schon die Straße mit ihren zahllosen Kurven ... Wer's gern ganz gemütlich hat, nimmt die Rhätische Bahn: gut eine Stunde bis Arosa, wobei man die Fahrt auch für einen Spaziergang unterbrechen kann, etwa in Lüen, um die herrlichen Fresken in der Kirche zu besichtigen.

Den Auftakt der Siedlungskette an der sonnigen Nordflanke des Schanfiggs macht

Maladers (1000 m; 500 Einw.), 5 km ab Chur, etwas oberhalb der Aroser Straße am Taleingang gelegen. Es ist Ausgangspunkt für die lohnende Wanderung auf einen der Churer »Hausberge«, den *Montalin* (2266 m; knapp 4 Std.), der ein prächtiges Panorama bietet.

Nicht zu übersehen ist in *Castiel* (1207 m) die Pfarrkirche am Burghügel Carschlingg, eine spätgotische Anlage, urkundlich 1132 genannt, zu Beginn des 16. Jahrhunderts neu erbaut. *Carschlingg* ist heute nur mehr Fundstätte; hier wurden neben prähistorischen und römischen Spuren auch Überreste einer frühmittelalterlichen Fluchtburg entdeckt – nur der »Schatz von Carschlingg«, ein Kessel voller Goldmünzen, kam nicht zutage ...

Ein Stichsträßchen führt von Castiel am steilen Hang hinab zu dem an der Bahnlinie gelegenen Ort

Lüen (990 m; 90 Einw.), dessen Kirche 1084 errichtet und im 17. Jahrhundert mit einem Tonnengewölbe versehen, beachtenswerte * Wandmalereien aus der Werkstatt des »Waltensburger Meisters« bewahrt (um 1330). Das Patrozinium des heiligen Zeno weist auf den alten »Bischofsweg« hin, der im Mittelalter durchs Schanfigg und über die Pässe bis nach Meran verlief. Damals reichte das Herrschaftsgebiet der Churer Fürstbischöfe bis in den Vintschgau.

St. Peter (1252 m; 120 Einw.), 15 km, ist der alte Hauptort des Schanfigg. Die Kirche, im Kern frühmittelalterlich, besitzt eine sehenswerte spätgotische Holzdecke mit Flachschnitzereien. Rund 200 Meter tiefer, im Talboden, liegt rechts der Plessur der Flecken *Molinis* (1040 m).

Bei

Langwies (1383 m; 350 Einw.), 22 km, überquert die Rhätische Bahn auf einem imposanten Viadukt die Plessur; 1912–1914 erbaut, war es damals weltweit die größte Eisenbahnbrücke aus armiertem Beton: 287 m lang, 42 m hoch. Die Straße beschreibt einen Bogen in das von Osten herabkommende Sapüner Tal (schmale Zufahrt bis zur alten Walsersiedlung *Sapün,* 1725 m; Wanderweg über den Strelapaß nach Davos, 4 ½ Std.).

* **Arosa** (1750 m; 2600 Einw.), 30 km, Kurort von internationalem Rang, breitet sich an den sonnigen, nur mäßig steilen Abhängen des Tschuggen (2049 m) aus, von den beiden kleinen Seen bis *Innerarosa* (1895 m) ansteigend. 1851, als Arosa – eine walserische Gründung und politisch zu Davos gehörend – selbständige Gemeinde wurde, lebten hier weniger Menschen, als man heute Hotels zählt (56). Der Bau

Viadukt von Langwies

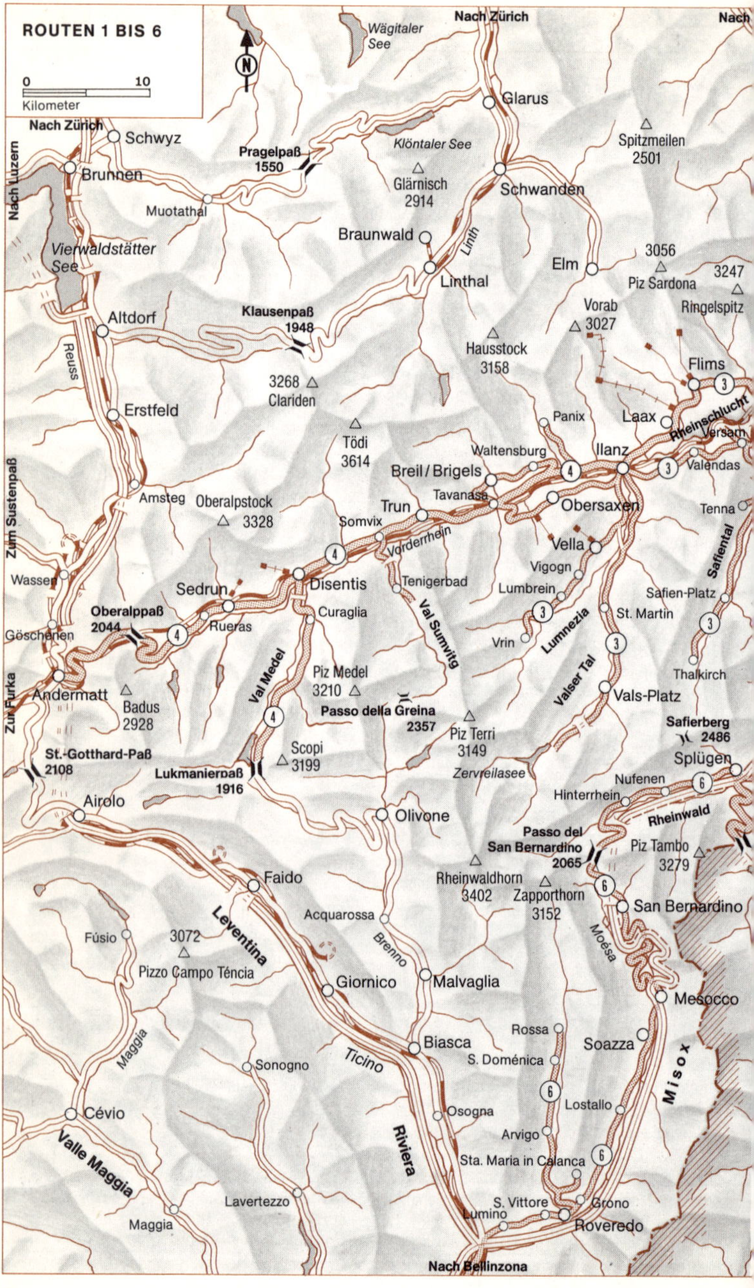
ROUTEN 1 BIS 6
0
10
Kilometer
N
Wägitaler See
Nach Zürich
Nach
Nach Zürich
Schwyz
Nach Luzern
Brunnen
Pragelpaß
1550
Klöntaler See
Glarus
Spitzmeilen
2501
Glärnisch
2914
Schwanden
Muotathal
Vierwaldstätter See
Braunwald
Linth
Elm
3056
Piz Sardona
3247
Ringelspitz
Linthal
Altdorf
Klausenpaß
1948
Vorab
3027
Hausstock
3158
Flims
Reuss
3268
Clariden
Laax
Rheinschlucht
Versam
Erstfeld
Panix
Tödi
3614
Waltensburg
Ilanz
Valendas
Breil/Brigels
Zum Sustenpaß
Amsteg
Oberalpstock
3328
Tavanasa
Trun
Obersaxen
Tenna
Somvix
Vorderrhein
Vella
Safiental
Wassen
Disentis
Tenigerbad
Vigogn
Sedrun
Lumbrein
Safien-Platz
Oberalppaß
2044
Rueras
Curaglia
St. Martin
Göschenen
Val Sumvitg
Lumnezia
Vrin
Zur Furka
Andermatt
Val Medel
Piz Medel
3210
Thalkirch
Badus
2928
Valser Tal
Vals-Platz
Passo della Greina
2357
Piz Terri
3149
Safierberg
2486
St.-Gotthard-Paß
2108
Scopi
3199
Lukmanierpaß
1916
Zervreilasee
Splügen
Nufenen
Hinterrhein
Airolo
Olivone
Rheinwald
Passo del San Bernardino
2065
Piz Tambo
3279
Faido
Rheinwaldhorn
3402
Zapporthorn
3152
San Bernardino
Acquarossa
Fúsio
3072
Leventina
Moésa
Brenno
Pizzo Campo Téncia
Giornico
Malvaglia
Mesocco
Rossa
Soazza
Maggia
Biasca
Ticino
S. Doménica
Sonogno
Misox
Lostallo
Cévio
Osogna
Riviera
Arvigo
Valle Maggia
Sta. Maria in Calanca
Lavertezzo
S. Vittore
Grono
Lumino
Maggia
Roveredo
Nach Bellinzona
1
2
3
4
6

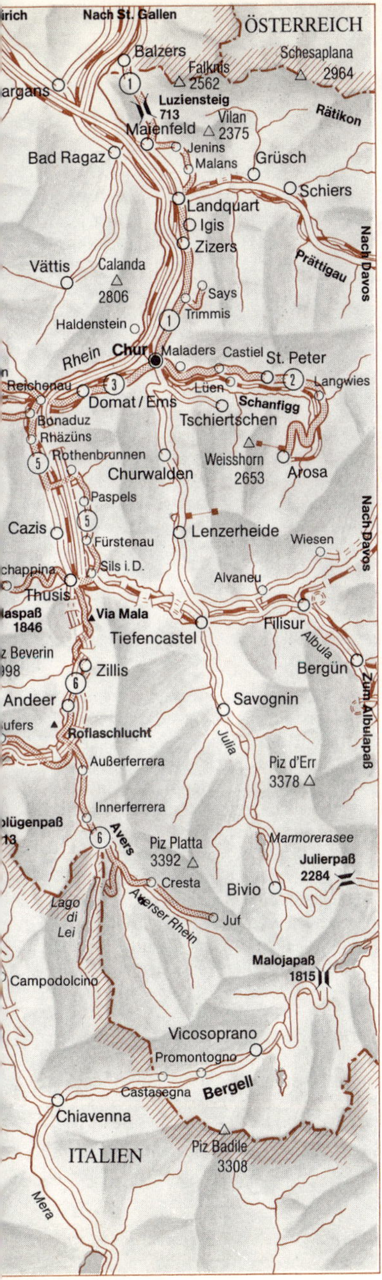

einer Straßenverbindung brachte dann die ersten Fremden ins innerste Schanfigg; der eigentliche Aufschwung setzte mit der Eröffnung eines Sanatoriums (1888) ein. Initiator war der deutsche Arzt Dr. Otto Herwig, der die Heilwirkung des Hochgebirgsklimas erkannt hatte. Um die Jahrhundertwende wurde Arosa auch als Wintersportort entdeckt; bereits 1903 gründete man hier einen Skiclub.

Geprägt wird das Siedlungsbild heute von den großen Hotels und Sanatorien; historische Bausubstanz findet sich eigentlich nur mehr in Innerarosa. Blickfang und beliebtes Fotoobjekt ist das Aroser Bergkirchlein (1492) mit originellem Glockenturm, geschnitzter und bemalter Holzdecke.

Eine recht umfangreiche volkskundliche Sammlung zeigt das *Schanfigger Heimatmuseum* im Eggahaus; die Entwicklung des Wintersports von den Anfängen bis zur Gegenwart ist in zahlreichen Exponaten dokumentiert. Mineraliensammlung (🕓 Mitte Dezember bis Mitte April Di, Fr 14.30–16.30 Uhr; Mitte Juni bis Mitte September Mo, Mi, Fr 14.30–16.30 Uhr).

Arosas größter Trumpf sind natürlich seine Berge, im Winter ein Dorado für Brettlfans, im Sommer ein prächtiges Wander- und Tourengebiet. »Hausberg« ist das *Weisshorn* (2653 m), ein herrlicher Aussichtsgipfel, mit der Seilschwebebahn bequem erreichbar. An klaren Tagen reicht das Panorama von den Viertausendern der Berner Alpen bis zur Silvretta, vom Säntis bis zur Bernina. Den Abstieg ins Tal kann man zu Fuß unternehmen; via Carmenna und Obersäss (2134 m) oder über die Sattelhütte (2401 m) je knapp 2 Std. auf markierten Wegen. Eine aussichtsreiche Höhenroute führt südwestlich um das Plattenhorn (2528 m) herum zur *Hörnlihütte* (2513 m), zu der von Innerarosa eine Gondelbahn heraufzieht. Höchster Gipfel zwischen Plessur und Albula ist das *Aroser Rothorn* (2980 m), ein »Fast-Dreitausender« (markierter Fußweg von Innerarosa über den Erzhornsattel, 4½ Std.; etwas Bergerfahrung notwendig).

Kurverein, CH-7050 Arosa; Tel. 081/31 16 21; Fax 081/31 31 35.
Chur.
Seilschwebebahn Aroser Weisshorn.
L »Arosa Kulm Hotel«.
»Bellevue«; »Cristallo«; »Sporthotel Valsana«; »Belvédère-Tanneck«.
»Guardaval«; »Hold«; »Solsiva«.
»Quellenhof«; »Vetter«.
Hubelstraße. – Camping Arosa.

* Chur – Ilanz (31 km)

Karte s. S. 24/25.

Von der Kantonshauptstadt zur »ersten Stadt am Rhein« – so ließe sich die Fahrt von Chur nach Ilanz umschreiben. Für die rund 30 km lange Strecke hat man die Wahl zwischen drei Wegen: den beiden Straßen über Flims bzw. Versam und der Bahnlinie durch die ** *Ruinaulta.* Letztere ist von besonderem Interesse, da sich von den Straßen aus kaum Einblicke in die Klamm bieten. Ganz Wagemutige unternehmen eine Bootsfahrt auf den wilden Wassern des Vorderrheins (Ilanz – Reichenau, 3 Std.), ein einmaliges, wenn auch ziemlich feuchtes Erlebnis. Wer die überwältigende Cañonlandschaft trockenen Fußes genießen will, dem sei eine Wanderung durch die Ruinaulta empfohlen.

Das riesige Bergsturzgebiet bei Flims bildet die Grenze zwischen zwei großen Bündner Landschaften: dem *Oberland* (Surselva) und dem *Unterland* (Sutselva). Hauptverkehrsverbindung ist die Straße Nr. 19 über Flims; die südliche Strekke via Versam wird vor allem nehmen, wer einen Abstecher in das stille Safiental plant. Mit ihm beginnt die Kette der großen Seitentäler des Vorderrheins, die sich bei Ilanz mit dem Valser Tal und dem Lugnez (Lumnezia) fortsetzt.

Domat/Ems (582 m; 6300 Einw.), 6 km von Chur, ist ein stattlicher, im Gegensatz zum benachbarten Felsberg teilweise romanischer Ort mit bedeutender chemischer Industrie (»Ems-Chemie AG«). In der Umgebung des Dorfes fallen zahlreiche, isoliert im weiten Talboden stehende Hügel ins Auge; es handelt sich dabei um Überreste eines späteiszeitlichen Bergsturzes. Auf einem dieser Kegel, die als »Tomahügel« sogar Eingang in die Wissenschaft gefunden haben, erhebt sich die alte katholische Pfarrkirche *St. Johannes Baptist,* ein spätgotischer Bau (Anfang 16. Jh.), dessen wuchtiger Turm von einer bereits im 12. Jahrhundert erwähnten befestigten Kirchenanlage stammt. Ungewöhnlich der erhöhte Chor, unter dem sich ein kryptenähnlicher Raum befindet. Der prächtige * Flügelaltar wird der Werkstatt Jörg Syrlins zugeschrieben.

Am Zusammenfluß von Vorder- und Hinterrhein liegt der Weiler

Reichenau (598 m), 10 km, dessen Name auf das Kloster Reichenau im Untersee hinweist. Im Spätmittelalter verlief die sogenannte »Klosterstraße« (den Churer Zoll umgehend) von Norden über Pfäfers und den Kunkelspaß nach Disentis. Das *Schloß,* im 17. Jahrhundert neu erbaut, 1775 und vor allem 1819 umgestaltet, gilt als eines der besten klassizistischen Bauwerke Graubündens. In den Jahren 1793/94 war hier ein gewisser Monsieur Chabos als Französischlehrer tätig – kein anderer als der spätere König Louis-Philippe I. von Frankreich!

Reichenau, 1399 als »Zollbrugg« urkundlich genannt, war früher ein wichtiger Verkehrsknotenpunkt; heute rauscht der meiste Verkehr auf der Schnellstraße N 13 vorbei. Auf der alten Kantonsstraße gelangt man knapp 2 km weiter südlich in *Bonaduz* (655 m) zur Abzweigung der Versamer Straße. Auf einem kurzen Streckenabschnitt – ehe sie in den Versamer Tobel, die Mündungsschlucht des Safientals, einbiegt – öffnet sich der Blick in die gewaltige Rheinschlucht, die

**** Ruinaulta. Sie entstand aus einem späteiszeitlichen Bergsturz, der losbrach, als der Gegendruck des Gletschers nachließ. Über 12 000 Millionen m³ Gestein gerieten dabei in Bewegung; sie bedecken eine Fläche von rund 40 km² bei einer Dicke von maximal 800 m! Der Vorderrhein staute sich im Becken von Ilanz; erst nach und nach fraß er sich einen Abfluß durch das noch wenig verfestigte Material – und schuf so eine der eindrucksvollsten Flußlandschaften der Schweiz.**

Von

Versam (909 m; 270 Einw.), 20 km, kann man auf einem schmalen Sträßchen zum Rhein hinabfahren (Bahnstation Versam-Safien, 635 m). Markierte Wege führen flußabwärts zur Krummwag (20 Min.), rheinaufwärts nach *Valendas* (1 ½ Std.); grandios ist die Szenerie, mit den zu phantastischen Formen erodierten Felsflanken.

Das

Safiental, vom Safierberg bis zur Mündung der Rabiusa in den Vorderrhein immerhin fast 30 km lang, zählt zu den abgeschiedensten Regionen des Kantons. Vor allem im unteren Teil ist es von schluchtartiger Wildheit, mit extrem steilen Flanken, an denen zahlreiche Lawinenstriche herabziehen. Besiedelt wurde es von Walsern aus dem Rheinwald, und bis zum Bau der Straße Ende des letzten Jahrhunderts war der Pfad von Thusis über den Glaspaß (1846 m) der Hauptzugang. Auch heute noch ist die Fahrt ins Safiental eine kleine Reise auf vielgewundener, recht schmaler Straße: 16 km bis *Safien-Platz* (1315 m), dem Mittelpunkt der Talgemeinde (300 Einw.), bis Thalkirch (1686 m) 24 km ab Versam. Das Tal wird vor allem als ruhiges Wander- und Erholungsgebiet geschätzt; Kunstfreunde werden den kleinen Abstecher hinauf nach *Tenna* (1642 m) nicht versäumen, in dessen Kirche vorzügliche Fresken aus der Zeit um 1400 freigelegt worden sind. Von der hochgelegenen Walsersiedlung aus besteigt man in etwa 2 Std. über das Tennenchrüz leicht den *Nollen* (2384 m), einen prächtigen Aussichtspunkt. Für Geübtere bildet der *Piz Riein* (2752 m) ein lohnendes Gipfelziel (3 Std.).

Bei *Tamins* (662 m), dessen Kirche mit ihrem auffallend spitzen Turm weit übers Tal schaut, beginnt an der Hauptstraße Nr. 19 die Steigung nach Flims.

Trin (876 m; 850 Einw.), 14 km, in sonniger Hanglage über dem Ausgang der Ruinaulta, ist ein kleiner Ferienort mit guten Ausflugs- und Wandermöglichkeiten (z. B. markierter Weg in die Rheinschlucht, über Digg und Rasun zur Bahnstation Versam-Safien 2 Std.; Rückweg via Tuors 3½ Std.). Auf dem Crap Sogn Barcazi (1009 m), einem isolierten Felssporn westlich über dem Dorf, liegen die seit 1931 ausgegrabenen Reste der Kirchenburg *Hohentrins* (Fußweg, 20 Min.). Nach der Überlieferung um 750 vom Frankenkönig Pippin erbaut und im Mittelalter eine mächtige Feudalburg, brannte sie 1470 aus und wurde in der Folge aufgegeben. Freigelegte Fundamente weisen auf eine erste Pankratiuskirche aus der Zeit um 500 hin; sie diente möglicherweise als Baptisterium.

⌂⌂ »Mirada«.
⌂ »Ringel«; »Ustria Parlatsch«.

Hinter Trin beginnt das ausgedehnte Bergsturzgebiet von Flims, eine größtenteils bewaldete Hügellandschaft, in die einige kleine Seen eingebettet sind. Links unterhalb der Hauptstraße liegt der Badesee Lagh la Cresta (844 m); zur Rechten baut sich die mächtige Felsmauer des Flimsersteins (Crap da Flem) auf.

*** Flims** (1070 m; 2500 Einw.), 20 km, aus den beiden Ortsteilen *Dorf* und *Waldhaus* bestehend, zählt zu den großen Sport-, Kur- und Ferienplätzen Graubündens; berühmt sind seine hervorragenden Wintersportanlagen. Die »Weiße Arena« von Flims/Laax ist eines der weiträumigsten, besterschlossenen Skigebiete der Schweiz.

Im Sommer empfiehlt sich eine Fahrt hinauf zum *Cassonsgrat* (2634 m), wo man eine herrliche Aussicht genießt, vor allem auf die Bergketten des Bündner Oberlands, nach Osten bis zur Silvretta. Von der Liftstation aus sind schöne Bergwanderungen auf markierten Wegen möglich, etwa über die Segnashütte und die Runcahöhe nach Flims (3½ Std.).

Die *Segnashütte* (2102 m) ist Ausgangspunkt für Gipfelbesteigungen in der Umgebung des oberen Segnasbodens (Trinser Horn, 3028 m; Piz Sardona, 3056 m; Piz Segnas, 3099 m; alle nur mit Führer); ein bezeichneter Pfad führt über den Segnaspaß (2627 m; 2 Std.) ins glarnerische Sernftal.

Ein Naturdenkmal besonderer Art ist das »Martinsloch« in den Tschingelhörnern, südwestlich des Segnaspasses. Zweimal im Jahr, am 13. März und am 2. Oktober, fallen die Sonnenstrahlen durch das 19 m hohe Felsenfenster genau auf den Kirchturm von Elm.

Keine Bergtouren, aber erholsame Spaziergänge und leichte Wanderungen für jung und alt lassen sich im *Uaul Grond,* dem »Großen Wald« des Flimser Bergsturzgebietes, unternehmen; im Sommer lädt der Caumasee (997 m) zum Baden ein.

Den Anstoß zur touristischen Entwicklung von Flims gab übrigens ein geistlicher Herr: 1874 initiierte der damalige Pfarrer den Bau des Kurhauses »Waldhaus«. Einen kurzen Besuch verdient die reformierte Kirche, 1512 von Andreas Bühler errichtet, mit schönem Sterngewölbe im Chor. Das »Schlössli«, ein origineller Bau (1682), dominiert von seinem wuchtigen Turm, dient heute als Gemeindehaus.

ℹ Verkehrsverein, CH-7018 Flims-Waldhaus; Tel. 081/391022; Fax 081/394308.
⛡ Sessel- und Gondelbahn Cassonsgrat.
⌂⌂⌂L »Park Hotel Waldhaus«.
⌂⌂⌂ »Crap Ner«; »Schweizerhof«.
⌂⌂ »Cresta«; »Uaul Pign« (garni).
⌂ »Cabana« (garni).
⛺ »Prau« (Flims-Waldhaus).

Laax (1016 m; 1300 Einw.), 25 km, im Mittelalter Markt und Gerichtsstätte der »Freien von Laax«, hat den Einstieg in den Tourismus viel später als Flims, dafür umso rasanter vollzogen. Mit der Erschließung des *Vorabgletschers* (»Vorab 3000«) für den Sommerskilauf und der Durchführung von Weltcup-Skirennen ist es zu einer über die Landesgrenzen hinaus bekannten Sportstation geworden.

Im alten, eng bebauten Ortskern stehen einige stattliche Häuser des 17./18. Jahrhunderts; die katholische Pfarrkirche, ein Saalbau mit eingezogenem Rechteckchor, wurde 1675–1678 von Domenico Barbieri aus dem bündnerischen Misox errichtet. – Kleines *Ortsmuseum*.

ℹ Verkehrsbüro, CH-7031 Laax; Tel. 0 81/ 9 21 43 43; Fax 0 81/9 21 65 65.
🚡 Seilschwebebahnen Laax – Crap Sogn Gion (2228 m) – Crap Masegn (2477 m) – Vorabgletscher (2570 m).
⌂⌂⌂ »Signina«; »Laax«.
⌂⌂ »Capricorn«.

Auf einer Sonnenterrasse über dem weiten Talkessel von Ilanz liegt der Flecken

Falera (1218 m; 400 Einw.), 2,5 km ab Laax, mit dessen Skizirkus es durch einen Sessellift verbunden ist. Der Blick geht weit nach Süden, ins Lugnez (Lumnezia) und bis zu den Dreitausendern des Ádulamassivs. Eine besonders stimmungsvolle Aussicht hat man von der alten katholischen Pfarrkirche Sogn Rumetg (St. Remigius). Das Gotteshaus bewahrt sehenswerte Wandmalereien, vor allem im spätgotischen Chor. Die Gegend um Falera ist alter Kulturboden: Die in der Wiese neben der Kirche stehenden sechs Steinblöcke (Menhire) und Schalensteine gehen auf eine prähistorische Kultstätte zurück, und am nahen Muoto-Hügel wurden Überreste bronzezeitlicher Siedlungen entdeckt.

⌂⌂⌂ »La Siala«.

Ilanz (699 m; 2300 Einw.), 31 km. Die »erste Stadt am Rhein«, wie es sich stolz nennt, ist ein alter Marktflecken am Eingang ins Lugnez (Lumnezia) und ins Bündner Oberland, bereits 765 als »Iliande« erwähnt, 1289 urkundlich als Stadt genannt. Im Jahr 1395 wurde hier ein Landfriedensbund geschlossen, aus dem später der »Graue Bund« hervorging. Der Grundriß des vermutlich bereits im 13. Jahrhundert befestigten Städtchens läßt sich an den teilweise erhaltenen Mauern ablesen; von ursprünglich vier Toren stehen noch zwei: das Rote Tor und das Obere Tor, letzteres laut Inschrift 1513 errichtet. 1715 bis 1717 wurden die Befestigungen stark ausgebaut; finanzielle Hilfe leisteten dabei die beiden reformierten Städte Zürich und Bern, was die entsprechenden Wappen am Aufbau des Oberen Tors erklärt.

Die reformierte Pfarrkirche ist ein einheitlich spätgotischer Bau, nach dem Brand von 1483 neu errichtet, mit reichem Netzgewölbe im Chor, Malereien im Schiff (1581). Als Campanile dient ein ehemaliger Wohn- und Wehrturm, einst Teil der mittelalterlichen Burganlage. – Bei einem kleinen Bummel durch die alten Gassen fallen mehrere stattliche Häuser auf, etwa die Casa Gronda, ein kubisches Gebäude mit Treppenturm, zweigeschossigem Erker und Satteldach (1677). In der Casa Carniec ist ein kleines volkskundliches *Museum* eingerichtet.

Über dem Städtchen, an der Straße ins Lugnez, steht die ehemalige Pfarrkirche St. Martin, im Kern aus der Zeit um 1000, später mehrfach verändert.

⌂⌂⌂ »Oberalp«.
⌂⌂ »Casutt«; ⌂ »Rätia«.

Bei Ilanz mündet von Süden der *Glenner* in den Vorderrhein. Er entspringt im hintersten Lugnez und nimmt seinerseits bei Uors die Wasser des Valser Rheins auf, der sein Quellgebiet im Ádulamassiv hat und das

***Valser Tal** durchläuft. Wie das benachbarte Safiental wurde es von Süden, aus dem Rheinwald, besiedelt und germanisiert, ebenso ist es im Mündungsbereich wild und tief eingerissen.

Hauptort der aus mehreren kleinen Dörfern bestehenden Talgemeinde mit rund 1000 Einwohnern ist

Vals (1252 m), 21 km von Ilanz, eine typische Walser Siedlung, trotz Bädertourismus und zunehmendem Fremdenverkehr. Die *Thermalquelle* (30 °C; Indikationen: rheumatische und neurologische Erkrankungen, mechanische Schädigungen, Herz- und Kreislaufbeschwerden) muß, wie Funde belegen, bereits in vorgeschichtlicher Zeit bekannt gewesen sein; ein erstes »Haus zum Bad« ist urkundlich 1670 erwähnt. Am malerischen Dorfplatz steht die katholische Pfarrkirche, 1646 unter teilweiser Einbeziehung des spätgotischen Vorgängerbaus neu errichtet. Im ehemaligen Chor (jetzt Marienkapelle) befindet sich ein neugefaßter Flügelaltar der Ulmer Schule, vermutlich aus dem Umkreis des Jörg Syrlin (nach 1500). Eine interessante volkskundliche Sammlung zur Walser Bauernkultur zeigt das *Talschaftsmuseum* im »Gandahaus« (Anmeldung im Verkehrsbüro, Tel. 0 81/ 9 35 12 42).

Von Vals ist im Sommer die Weiterfahrt auf einer schmalen Werkstraße bis zum *Zervreila-Stausee* (1862 m; 8 km) möglich; zu Fuß auf dem alten Zervreilaweg etwa 3 ½ Std., in Verbindung mit dem Abstieg an der nordwestlichen Talflanke eine lohnende Runde. Sehr zu empfehlen ist auch der Aufstieg von Zervreila zu dem stimmungsvoll in einem Hochkar unter dem Fanellhorn (3124 m) gelegenen **Guraletschsee* (2409 m; 2 Std.). Ein guter Pfad führt von Vals östlich über den Tomülpaß (2412 m; 3 ½ Std.) ins Safiental; über den Valser Berg (2504 m; 4 ½ Std.) kamen im 14. Jahrhundert die ersten Siedler in die hochgelegenen Bergregionen von Peil und Vals. – Im Winter tummeln sich die Brettlfans auf den weiten Skihängen am *Dachlberg* (bis 2500 m).

—

Obwohl ebenfalls von einem Kranz stattlicher Dreitausender (Piz Terri, 3149 m) umrahmt, wirkt das

*** Lugnez (Val Lumnezia) weniger schroff, nicht so ausgeprägt hochalpin wie das Valser Tal. Die Ortschaften liegen größtenteils auf den mäßig steilen, sonnigen Nordwesthängen. Das Tal des Glemmer gilt – nicht zu Unrecht – als ein »Schatzkästchen« sakraler Kunst; kaum ein Flecken, der nicht mit Kostbarkeiten aus gotischer oder barocker Zeit aufwarten kann, Kunstwerke von teilweise erstaunlicher Qualität, mitunter auch rührend-naiv. Das Lugnez ist alter Kulturboden; bereits lange vor den keltischen Lepontiern, denen es seinen Namen verdankt (wie übrigens auch die Tessiner Leventina), war es besiedelt. Zeugnis davon gibt die im Talinnern bei *Surrein* (1290 m) entdeckte bronzezeitliche Siedlung mit Gräberfeld (um 1400 bis 800 v. Chr.).**

Der Hauptort

Vella (1244 m; 400 Einw.), 10 km von Ilanz, ein stattliches Dorf, hat Anschluß an das weiträumige Skigebiet von Obersaxen (Hitzeggen-Lifte, 2112 m). Urkundlich bereits 831 erwähnt, ist es Heimatort der Familie Demont, der auch das inzwischen ziemlich heruntergekommene

Dorfplatz von Villa

Schloß (17. Jh.) gehörte. Ein Demont kämpfte 1799 als General in französischen Diensten gegen die Österreicher und den Bündner Landsturm (Napoleon erhob ihn dafür zum Grafen), ein anderer Sproß dieses Geschlechts soll an der Schlacht von Lepanto teilgenommen haben. Ein Kolossalgemälde (1630) dieses berühmten Seegefechts hängt in der katholischen **Pfarrkirche St. Vicentus,* die außerhalb des Dorfes auf der weitschauenden Höhe von Pleif steht. Sie gilt als Mutterkirche der Talschaft, wurde um 1500 (Chor) und 1661 (Schiff) umgebaut und bewahrt einen prunkvollen Hochaltar von Johann Ritz (1726). Aus gotischer Zeit stammen dagegen die Flügelaltäre in den Pfarrkirchen von Vignogn (1516) und Degen (1520); Teile eines spätgotischen Schnitzaltars finden sich auch in dem barocken Choraltar der Kapelle St. Sebastian (Degen). Sie werden der Werkstatt Ivo Strigels zugeschrieben, wie auch der Altar der Kapelle Mariä Schmerzen (1490) in *Lumbrein* (1405 m; 15 km ab Ilanz). Sehenswert auch hier die Pfarrkirche, ein barocker Saalbau von 1646 (im Innern eine Monumentaldarstellung des Jüngsten Gerichts, 1694). – Auf der Weiterfahrt taleinwärts kommt man an der Kapelle *St. Andreas* (um 1600) vorbei, deren Innenraum vollständig ausgemalt ist (1695). Besonders interessant eine Darstellung des Klosters Disentis vor dem barocken Neubau mit den Heiligen Sigisbert und Plazidus.

Hinterste Ortschaft im Lugnez ist *Vrin* (1447 m; 21 km ab Ilanz), ein geschlossenes Haufendorf mit »sonnengebräunten« Holzhäusern und einer prunkvollen, reich ausgestatteten *Pfarrkirche (1695). Ein markierter Wanderweg führt über den Paß Diesrut (2428 m) ins Val Sumvitg bis zur Terrihütte (etwa 4 ½ Std.).

Route 4

Ilanz – Disentis – *Oberalppaß – Andermatt (61 km)

Karte s. S. 24/25.

Unter dem Begriff »Bündner Oberland« (romanisch Surselva) versteht man das gesamte Einzugsgebiet des Vorderrheins von seiner Quelle am Tomasee bis zum Flimser Bergsturz, mit den großen südlichen Seitentälern, dem Val Medel, dem Val Sumvitg, dem Lugnez und dem Valser Tal. Zwischen den Glarner Alpen (Tödi, 3614 m) und dem Ádulamassiv (Rheinwaldhorn, 3402 m) eingebettet, trägt die Landschaft ausgeprägt alpine Züge, bietet sie dem Wanderer und Bergsteiger entsprechend attraktive Möglichkeiten. Aber auch der kulturell Interessierte findet hier viel Sehenswertes, entdeckt manches Kleinod. Bemerkenswert ist der Reichtum an sakraler Kunst, vor allem im Lugnez (siehe Route 3), dann natürlich um Disentis, dessen Kloster über Jahrhunderte hinweg geistliches und weltliches Zentrum der Region war.

Das Bündner Oberland kann mit einer guten touristischen Infrastruktur aufwarten, ist aber vom Fremdenverkehr nicht so stark geprägt wie andere Gebiete Graubündens. Brigels, Obersaxen oder Sedrun beispielsweise sind geschätzte ruhige Ferienorte; ein aufstrebender Urlaubsplatz ist Disentis mit seinem weiträumigen Skigebiet am Piz Ault (3027 m). Seit langem leider ungenutzt ist die radioaktive Mineralquelle, immerhin die stärkste der Schweiz. Ob hier jemals wieder ein Kurbetrieb aufgenommen werden kann, bleibt ungewiß; die Erfahrungen mit Tenigerbad (s. S. 32) mahnen zur Vorsicht.

Noch weit spekulativer sind jene Berichte, in denen dem Surselva eine »goldene Zukunft« vorausgesagt wird. Immerhin ist in Disentis 1986 eine »Miniera Val d'Aur« gegründet worden. Sie soll in den nächsten Jahren abklären, ob die von einem kanadischen »gold-digger« in der Gegend vermuteten Goldvorkommen abbauwürdig sind. Goldrausch am Vorderrhein?

Wenige Kilometer nach Ilanz (siehe Route 3) Richtung Westen liegt rechts etwas abseits der Hauptstraße das Dörfchen Rueun (788 m), Ausgangspunkt des früher vielbegangenen Panixer Weges ins glarnerische Sernftal. In *Pigniu/Panix* (1301 m; 6 km) erinnert eine Gedenktafel daran, daß der russische General Suworow mit seinem Heer in den Koalitionskriegen den 2407 m hohen Paß überquerte (5. Oktober 1799).

Nicht verpassen darf man die nächste Abzweigung:

Waltensburg/Vuorz (1003 m; 320 Einw.), auf einer Geländeterrasse noch über dem Vorderrhein gelegen, besitzt im Hauptwerk des unbekannten »Waltensburger Meisters« ein Kulturdenkmal von Rang. Die 1932 entdeckten, 1970 von Übermalungen befreiten *Fresken in der reformierten Kirche dürften um 1340 entstanden sein; man vermutet einen höfisch geschulten Maler der oberrheinischen Frühgotik. Er war vor allem im Herrschaftsbereich derer von Vaz, Rhäzüns und Belmont tätig; außerhalb Graubündens sind keine Arbeiten von ihm bekannt. Zentrales Motiv der Fresken an der Nordwand des Schiffs ist eine Passionsdarstellung, umrahmt von mehreren Heiligen, darunter das Martyrium des heiligen Sebastian. Die Chormalereien sind im Stil des ausgehenden »gotico internazionale« (um 1450) gehalten, wie er damals an mehreren europäischen Höfen gepflegt wurde. – Heimatmuseum im ehemaligen Gerichtsgemeindehaus.

⌂⌂ »Grotta«. – ⌂ »Ucliva«.

Auf einer Felsnase östlich von Waltensburg (Fußweg, 20 Min.) liegt die **Ruine Jörgenberg* (939 m), im Mittelalter die größte Burganlage des Oberlandes, hervorgegangen aus einem Kirchenkastell. Erhalten sind neben dem mächtigen, fünfgeschossigen Bergfried (12. Jh.) einige Mauerfragmente und der schlanke Campanile (11. Jh.) der Kirche St. Georg, deren Ursprünge wohl bis auf karolingische Zeit zurückgehen dürften. Makabres Detail: Am Weg zur Ruine weist eine Markierung zur ehemaligen Richtstätte (Galgen; zwei Rundpfeiler sind noch zu sehen). – Ein wahrer »Adlerhorst« ist die Ruine der Höhlenburg *Kropfenstein,* unweit des Verbindungssträßchens nach Breil im 12. Jahrhundert in die jäh abfallenden Felsen gebaut und bereits um 1500 verlassen. Die Wohnlage ließ – trotz schöner Aussicht – wohl etwas zu wünschen übrig ... (markierter Zugang).

Waltensburg bildet zusammen mit Andiast (1185 m; 230 Einw.) und

Breil/Brigels (1283 m; 1200 Einw.), das wenige Kilometer weiter talaufwärts in einer sonnigen Geländemulde liegt, eine kleine Ferienregion familiär-gemütlichen Zuschnitts. Der Ortsname ist keltischen Ursprungs (bregelo) und bedeutet »kleine Burg«, vielleicht ein Hinweis auf das Wallfahrtskirchlein *Sogn Sievi* (St. Eusebius), das nördlich über Breil auf einem Geländesporn thront und aus einer frühmittelalterlichen Fluchtburg hervorging. Die Wandmalereien im Innern stammen vom gleichen Künstler wie die Chorfresken der Waltensburger Kirche (1451), der Flügelaltar von Ivo Strigel (1486). Schönste Zierde der romanischen *Martinskirche* ist ebenfalls ein spätgotischer * Flügelaltar, die hervorragende Arbeit einer süddeutschen Werkstatt (1518; Jörg Lederer?), stilistisch bereits mit Anklängen an die Renaissance.

Nicht nur dem Kunstfreund hat Breil einiges zu bieten, auch Wanderer und Bergsteiger kommen auf ihre Kosten. Begehrteste Gipfelziele sind die Brigelser Hörner (3252 m) und der Bifertenstock (3421 m), durchwegs anspruchsvolle Eis-Fels-Touren; am anderen Ende der Schwierigkeitsskala stehen reizvolle Tal- und Almwanderungen, etwa ins Val Frisal oder zur Alp Tschegn Dadens (1979 m). Ausdauernden und trittsicheren Gehern kann die Besteigung des *Piz d'Artgas* (2786 m) empfohlen werden (4½ Std. via Rubi Sura); vom Gipfel genießt man ein grandioses Panorama auf die Glarner Hochalpen (Tödi, 3614 m), am südlichen Horizont stehen die Dreitausender des Ádulamassivs und nach Südosten geht der Blick bis zur Bernina.

»Le Val«; »Crestas«.
»Alpina«.

Südseitiges Pendant zur Höhenterrasse von Waltensburg – Breil ist

Obersaxen (Meierhof, 1281 m), eine typische Walser Siedlung aus zahlreichen Einzelhöfen und Weilern an der sanft geneigten Nordwestabdachung des Piz Mundaun (2046 m; Skigebiet), mit Zufahrten von Ilanz (11 km) und Tavanasa. Es hat sich inmitten des rätoromanischen Oberlandes seine sprachliche und kulturelle Eigenständigkeit zu bewahren vermocht. »Hauptort« ist *Meierhof* mit seiner neuromanischen Pfarrkirche (Turm romanisch); von den insgesamt zwölf Kapellen im Gemeindegebiet, die fast durchwegs dem gleichen Bauschema folgen, sei St. Georg (17. Jh.) erwähnt. Sie enthält einen Flügelaltar der Strigel-Werkstatt (1489).

Obersaxen hat sich in den letzten zwei Jahrzehnten zu einem beliebten Ferienort entwickelt; am Mundaungrat kann man im Winter nach Herzenslust wedeln, im Sommer eröffnet das gut markierte Wegenetz vielfältige Wandermöglichkeiten. Sehr lohnend ist die Überschreitung des Piz Titschal (2550 m) zum Blausee (2374 m); von St. Martin (1343 m) eine etwa sechsstündige Runde.

»Central«; »Val Gronda«.
»Meierhof«. – Miraniga.

Trun (861 m; 1500 Einw.), 18 km, ein stattliches Dorf an der Mündung des Val Punteglias (Steinbockkolonie am Piz Ner), ist untrennbar verbunden mit einem wichtigen Datum der Geschichte Graubündens: dem 16. März 1424. Damals wurde unter dem Ahorn am Ortseingang (der heutige Baum ist ein Sproß des alten) der »Graue Bund«, einer der drei Bünde des Landes, beschworen. In der Vorhalle der barocken St.-Anna-Kapelle von 1704 – gegenüber dem Bahnhof – ist eine Darstellung des historischen Ereignisses zu sehen (Otto Baumberger, 1924); im Ehrenhof daneben sind verdiente Persönlichkeiten des Oberlandes verewigt, darunter auch Pater *Placidus a Spescha* (1754–1833), vielseitig begabter Autodidakt, Bergsteiger und Mineraliensammler, Geograph, Botaniker und ... ein freier Geist. Sein Eintreten für das revolutionäre Frankreich, für Menschenrechte und gegen verkrustete Herrschaftsverhältnisse fand allerdings bei seinen Landsleuten noch weniger Verständnis als seine Bergleidenschaft – »il curios pader« nannten sie ihn.

Die Versammlungen des »Grauen Bundes« fanden im **Disentiser Hof* statt. Der stattliche dreigeschossige Bau mit seinem hohen Giebeldach (1679) ist heute als *Museum des Oberlandes* (Museum Sursilvan) der Öffentlichkeit zugänglich. Neben einer reichen volkskundlichen Sammlung kann auch der Gerichtssaal (gemalte Wappen der Landrichter, seit 1424) besichtigt werden (z. Zt. wegen Umbau geschlossen).

Einen guten Blick auf das Dorf und seine Umgebung hat man von der hochgelegenen Wallfahrtskirche Sta. Maria Licht (980 m; 20 Min.), deren üppige Ausstattung (Malereien von Fridolin Eggert, 1690; viele Votivtafeln) in eigenwilligem Kontrast zum Charakter der Landschaft steht.

Bei Rabius (957 m; 20 km), mündet von Süden das tief eingeschnittene

***Val Sumvitg,** kaum besiedelt, aber ein lohnendes Wander- und Tourengebiet. Daß dies so bleiben wird, ist dem Engagement von Naturschützern zu verdanken, die das geplante Greina-Wasserkraftwerk verhindern konnten: Die einzigartig gelegene ***Greina-Hochfläche* (Plaun la Greina) ist gerettet, die Vernunft siegte über das Kalkül.

Auf einer schmalen Straße kann man via Surrein bis zu dem kleinen Speicherbecken hinter *Tenigerbad* (1305 m; 8 km) fahren. Das moderne Thermalbad, mit dem Geld eines deutschen Industriellen erbaut, dann viele Jahre geschlossen, ist seit Sommer 1991 wieder in Betrieb. Zu Fuß steigt man in etwa 3 ½ Std. hinauf zu der prächtig gelegenen Terrihütte (2170 m). Dahinter öffnet sich an einer Talbiegung der weite Boden der Greina-Hochfläche (ca. 2200 m), umrahmt von hohen Bergen, unter denen der markante Gipfel des Piz Terri (3149 m) besonders ins Auge fällt. An Höhe wird er knapp übertroffen von seinem Gegenüber, dem Piz Vial (3168 m), dem östlichen Eckpfeiler der stark vergletscherten Medelser Gruppe (je etwa 4 Std. ab Terrihütte; nur mit Führer).

4

Auf einer Anhöhe über dem Zusammenfluß von Vorder- und Medelser Rhein liegt

Kloster Disentis

Disentis/Mustér (1130 m; 2300 Einw.), 29 km, mit seinem **Benediktinerkloster,* dessen großzügige Anlage das Ortsbild dominiert. Es wurde um 750 über den Gräbern der Eremiten Sigisbert und Plazidus, die sich aus dem französischen Luxeuil in die »Desertina« (= Wüste, daher der Name Disentis) zurückgezogen hatten, gegründet. Nach der Zerstörung durch die Sarazenen (940) wiederaufgebaut, entwickelte es sich mit Unterstützung der Sachsenkaiser zu einem reichsunmittelbaren Klosterstaat, der fast das gesamte Oberland umfaßte, sich vorübergehend ins Urserental, sogar bis nach Oberitalien erstreckte. Nach den Reformationswirren erlebte das Kloster im 16./17. Jahrhundert eine Blütezeit; 1799 wurde es von französischen Truppen niedergebrannt. Das ist längst Geschichte; lebendig geblieben dagegen ist der Brauch, den Festtag des heiligen Plazidus (11. Juli) mit einer großen Prozession zu begehen.

Die *Klosterkirche,* 1704 – möglicherweise nach Plänen von Bruder Caspar Moosbrugger aus Einsiedeln – vollendet, zeigt das sogenannte »Vorarlberger Schema«: eine barocke Pfeilerhalle mit umlaufenden Emporen und Doppelturmfassade. Kostbarstes Stück der hochwertigen Ausstattung (u. a. frühbarocker Hochaltar von 1655, Régence-Chorgitter) ist der *Michaelsaltar (1572; dritte Kapelle rechts), der als eines der besten Werke der Frührenaissance in der Schweiz gilt. Über die längs der Kirche verlaufende Rosenkranzstiege, eine Imitation der Scala regia in Rom, hat man Zugang zur sog. »Krypta«, drei mittelalterlichen Apsiden der alten Marienkirche (Neubau 1899). Kunst und Natur sind im **Klostermuseum* vereint: Neben Beispielen der heimischen Fauna, Mineralien und Dokumenten zur Geschichte der Abtei findet sich eine reiche Sammlung sakraler Kunstwerke (🕓 Juni bis Okt. Di, Do, Sa 14–17 Uhr, Weihnachten bis Ostern Mi 14–17 Uhr).

Besichtigen sollte man auch die katholische *Pfarrkirche,* einen stattlichen Barockbau (1643). Ihr wertvollster Schatz ist in der Vorhalle (hinter einem massiven Eisengitter) aufgestellt: der jüngst restaurierte *Flügelaltar von Ivo Strigel (1489). Einen prunkvollen Barockaltar (um 1675; *Gemälde von Carlo Francesco Nuvolone um 1655) birgt dagegen die Kapelle Sta. Maria im Ortsteil Acletta.

ℹ Kur- und Verkehrsverein, CH-7180 Disentis; Tel. 0 81/9 47 58 22; Fax 0 81/9 47 49 37.

🚡 Seilschwebebahn Caischavedra ins Skigebiet Piz Ault (3027 m).

ꟷꟷ »La Cucagna«; »Alpsu«.
ꟷ »Bellavista«; »Lukmanier«.
⛺ »Fontanivas«.

Bei Disentis beginnt die 20 km lange Auffahrt zum

***Lukmanierpaß / Cuolm Lucmagn** (1916 m), dem niedrigsten aller Schweizer Alpenübergänge (Wintersperre). Dennoch stand er stets im Schatten benachbarter Pässe: Gotthard, Bernhardin, Splügen, Septimer. Seine Scheitelregion muß einst bewaldet gewesen sein (»lucus magnus« = großer Hain); heute setzt der riesige Stausee von Sta. Maria (1908 m) den dominierenden Akzent. Kilometerlange Galerien schützen die Straße auf Bündner Seite (1975 wurde der Weiler Acla durch eine Lawine zerstört), während sich knapp jenseits der Wasserscheide – auf Tessiner Boden – ein weites Hochtal mit prächtigem Arvenbestand öffnet. Dem Wanderer und Bergsteiger bieten sich gute Tourenmöglichkeiten; eine markierte Runde verläuft um den Pizzo dell'Uomo (2663 m). Man überschreitet zwei Paßhöhen und genießt eine prächtige Aussicht auf die Ádulagruppe, zu den Glarner Alpen und westlich über das Val Piora und den Nufenenpaß bis zu den Berner Alpen (4 Std.). Erheblich weiter reicht natürlich das Panorama des Scopi (3187 m), dessen mächtige Pyramide unmittelbar über dem Lukmanierpaß aufragt. Ein Steig leitet über den geröllbedeckten Westgrat zum Gipfel (3½ Std.; nur für Geübte).

Auch für Mineraliensammler ist das Tal des Medelser Rheins ein dankbares Revier; in der Lukmanierschlucht zwischen Disentis und Curaglia kann man weißen Aragonit finden, im Val Cristallina u. a. Adular, Apatit und Quarz (Bergkristall). Kunstliebhaber werden sich in *Curaglia* (1332 m; 300 Einw.) ein wenig Zeit lassen, um in der barocken Pfarrkirche den spätgotischen Flügelaltar (um 1525) zu besichtigen.

Bei Curaglia mündet das Val Plattas, Hauptzugang zur Medelser Gruppe. Stützpunkt für die Besteigung des Piz Medel (3211 m) ist die Medelser Hütte (2524 m) an der Fuorcla da Lavaz; der knapp vierstündige Anstieg wird mit einer bemerkenswerten Aussicht auf die beiden Eiszungen des Gletschers da Plattas belohnt (Gipfel nur mit Führer; 3–4 Std. ab Medelser Hütte).

Hauptort des Gemeindegebietes von *Tavetsch* (rund 1300 Einw.), das das innerste Vorderrheintal oberhalb von Disentis bis hinauf zum Oberalppaß umfaßt, ist

Sedrun (1404 m), 38 km, ein kleiner Urlaubsort mit guten Wintersportmöglichkeiten (Lifte Cungieri, 1860 m). Die katholische Pfarrkirche St. Vigilius (1691) prunkt mit ihrer reichen Ausstattung; hervorzuheben sind der Hochaltar aus der Werkstatt von Johann Ritz (1702) und ein spätgotischer Flügelaltar (1515) in der südlichen Seitenkapelle.

Typisch für das Tavetsch sind die sogenannten »Kornhisten«, denen man überall begegnen kann: freistehende Holzgestelle, an denen das früh geschnittene Getreide (Roggen, Gerste) aufgehängt und an der Sonne zur Reife gebracht wird. – *Talmuseum* (Museum La Truaisch) mit volkskundlicher Sammlung sowie Mineralien aus der Region.

ꟷꟷ »Oberalp«.
ꟷ »Badus«; »Posta«.

Hinter Rueras (1404 m) beginnen Straße und Bahntrasse stärker anzusteigen. Während die Furka-Oberalpbahn den Höhenunterschied zur Wasserscheide »an der Zahnstange« überwindet, ist die Paßstraße oberhalb von Tschamut (1667 m) in Serpentinen angelegt. Auf der Fahrt bieten sich gute Ausblicke nach Süden, auf den Gipfelkranz des Val Maighels (Piz Ravetsch, 3007 m). Als Tourenstützpunkt in diesem Teil des Gotthardmassivs dient die Maighelshütte (2310 m) des SAC. – Über den

Oberalppaß (2044 m), 50 km, verläuft die Grenze zum Kanton Uri; knapp jenseits der Scheitelhöhe liegt der etwa 1 km lange Oberalpsee, noch auf Bündner Boden dagegen der *Calmut* (2309 m). Bei günstigen Witterungsverhältnissen sollte man den ¾stündigen »Alpinspaziergang« auf diesen unscheinbaren Hügel nicht versäumen; von der Kuppe genießt man eine bemerkenswerte Umschau, die westlich bis zu den vergletscherten Dreitausendern um den Dammastock (3630 m) geht und das gesamte Tavetsch mit seinem Gipfelkranz einschließt. Markantes Gegenüber ist der **Badus* (Six Madun, 2928 m), ein vielbesuchter, für sein großes Panorama berühmter Berg. In etwa 3 Std. erreicht man vom Oberalppaß aus den Gipfel (Trittsicherheit erforderlich); das Weglein ist gut markiert und führt am malerischen **Tomasee* (Lai da Tuma, 2345 m) vorbei. Das in einen Felskessel eingebettete Gewässer gilt als Quelle des Vorderrheins (1½ Std. ab Oberalpstraße).

Andermatt (1444 m; 1400 Einw.), 61 km, Paßdorf an den Straßen zum St. Gotthard (2108 m) und zur Furka (2431 m).

4

* Chur – * Domleschg – Thusis (30 km)

Karte s. S. 24/25.

Was das Überetsch für Südtirol, ist das **Domleschg* für Graubünden: ein historisches Adelsparadies, die burgenreichste Gegend des Landes, spätestens seit dem ausgehenden Neolithikum besiedelt, im Mittelalter durch seine Lage an den großen Bündner Alpenpässen von strategischer Bedeutung. Wenn auch Weinberge und südliches Ambiente fehlen, so sorgt doch der Föhn – der »älteste Bündner«, wie man hier sagt – für einige besonders warme, sonnige Tage. Dann ist es höchste Zeit, sich aufzumachen, um zu Fuß, mit dem Fahrrad oder Auto das Rätische »Burgenland« zu erkunden – auf den Spuren des Jörg Jenatsch, dem C. F. Meyer (1825–1898) ein literarisches Denkmal (Roman »Jörg Jenatsch«) gesetzt hat. In einem der kleinen Dörfer kann man gemütlich Einkehr halten, und durchs Fenster der Wirtsstube schaut – bei Föhn fast zum Greifen nah – der Piz Beverin (2997 m), der »Wächter« des Domleschg, herein, ein altberühmter Aussichtsgipfel.

—

Von * Chur (s. S. 17) fährt man über Domat/Ems rheinaufwärts nach Bonaduz, wo rechts die

Schloß Ortenstein

Straße in den Versamer Tobel abzweigt (siehe Route 3). Nur wenig weiter südlich liegt an der San-Bernardino-Straße

Rhäzüns (658 m; 1100 Einw.), 14 km, mit dem gleichnamigen, außerhalb des Ortes gelegenen Schloß (13.–16. Jh.; privat), Stammsitz eines der mächtigsten Bündner Geschlechter. – Nordöstlich des Dorfes, auf einem bewaldeten Hügel über dem Vorderrhein, steht die

**** Kirche St. Georg. Ihr schlichtes Äußeres verrät nichts von dem kostbaren Schatz, den sie birgt: eine vollständige hochgotische Ausmalung, die in der ganzen Schweiz einmalig ist. Die älteren Fresken im Chor und am Chorbogen (u. a. vier Evangelisten um das Antlitz Christi, Wunder und Leiden des heiligen Georg) stammen vom sogenannten »Waltensburger Meister« (vgl. S. 9) und werden in die Zeit um 1350 datiert. Die Malereien im Schiff sind das Werk des gleichfalls unbekannten »Rhäzünser Meisters« (zweite Hälfte 14. Jh.; u. a. Szenen aus dem Alten und Neuen Testament); sie unterscheiden sich in ihrer volkstümlichen Art deutlich von der verfeinerten Kunst des »Waltensburger Meisters«. (Schlüssel im Bahnhof Rhäzüns.)**

Luftseilbahn Feldis (1469 m).
»Rätus«.

Bei Rothenbrunnen (625 m; 18,5 km), das von der Burgruine Ober-Juvalta überragt wird, öffnet sich die breite Talung des

*** Domleschg,** fast 10 km lang, eingebettet zwischen nur mäßig steile Hänge, die westlich am *Heinzenberg* bis gegen 2000 m, östlich in der Stätzer-Horn-Kette bis knapp über 2500 m ansteigen. Begünstigt durch ein mildes Klima, gedeiht hier der Mais, wachsen Nußbäume. Der mittelalterliche Handelsweg ging über die Dörfer, von Rothenbrunnen über Fürstenau nach Sils; heute, nach dem Bau der modernen Verkehrswege (N 13), sind diese Ortschaften etwas vom »Puls der Zeit« abgeschnitten, die zahlreichen altersgrauen Mauern nur mehr Zeugen einer bewegten Vergangenheit. Einen markanten

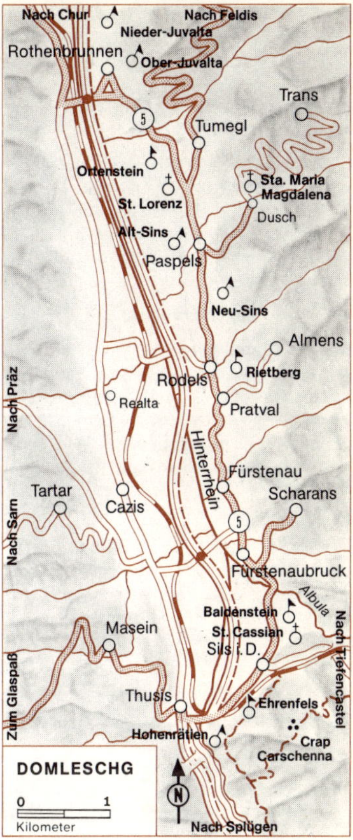

Akzent gleich am Beginn der »Burgenroute« setzt **Schloß Ortenstein*, das wehrhaft auf einer Felskuppe über der Rheinniederung thront. Um 1250 durch die Herren von Vaz gegründet, wurde es im Schamser Krieg (1451) niedergebrannt, dann aber wieder aufgebaut (Privatbesitz).

Am höchsten Punkt des felsigen Geländeriegels erhebt sich, weithin sichtbar, die *Kapelle *St. Lorenz* (Sogn Luregn), Mutterkirche der östlichen Talseite (Fresken aus dem frühen 13. Jh.; Marmorplatte eines Tischaltars des 5./6. Jh.). Den kleinen Abstecher – von Paspels etwa 20 Min. zu Fuß auf einem Feldweg – sollte man nicht versäumen, bietet der Platz doch eine prächtige Rundschau, die das gesamte Domleschg mit seinem Gipfelkranz einschließt. Nördlich, über dem Tomilser Tobel, sind am steilen Berghang die Serpentinen eines Sträßchens auszumachen, das via Scheid zu dem kleinen Ferienort *Feldis/Veulden* (1469 m; 9 km) hinaufzieht. Am Steigungsbeginn liegt der Flecken Tumegl/Tomils (801 m) mit einem sehenswerten Flügelaltar (um 1400) in der spätgotischen Pfarrkirche.

Paspels (757 m; 320 Einw.), 21 km, hat ein um 1695 errichtetes, später umgebautes Schloß mit eigenwilligem Türmchen vorzuweisen. Wesentlich älter sind die beiden Burgen, westlich Alt-Sins (12. Jh.), südöstlich die Ruine Neu-Sins. Ganz in der Nähe liegt der idyllische kleine Canovasee (777 m); über dem Ausgang des engen Val da Dusch, etwas oberhalb der Straße nach Trans, steht die Kapelle *Sta. Maria Magdalena*. Sie bewahrt vorzügliche gotische Wandmalereien (um 1340), die dem »Waltensburger Meister« zugeschrieben werden. Über dem Dörfchen Rodels (684 m) erhebt sich

Schloß Rietberg (17./18. Jh.), eine stattliche Anlage, im Kernbestand (Bergfried) auf das 12. Jahrhundert zurückgehend (Privatbesitz). Berühmt geworden ist es, weil hier in der Nacht zum 25. Februar 1621 Pompejus von Planta, Schloßherr und Führer der spanischen Partei in den »Bündner Wirren«, von seinem Widersacher Jörg Jenatsch erschlagen wurde – ein Racheakt für den grausamen »Veltlinermord« (1620), dem etwa 600 Protestanten zum Opfer gefallen waren (s. S. 8).

Die »Domleschger Straße« setzt sich via Pratval (rechts die Ruine Hasensprung) fort nach

Fürstenau (665 m; 200 Einw.), 25 km, das einst zusammen mit der Zollstelle Fürstenaubruck wichtiger Etappenort an der bischöflichen Splügenroute, aber auch am Weg zum Septimerpaß, war. Im 13. Jahrhundert befestigt, bereits 1354 als »oppidum« erwähnt und mit Stadtrechten versehen, setzte nach dem Ausbau der Via-Mala-Straße der Niedergang ein; Thusis trat mehr und mehr an die Stelle von Fürstenau. Im Jahr 1742 verwüstete eine Feuersbrunst das Städtchen, das dann mit dörflichem Charakter wiederaufgebaut wurde. Den Umriß der ursprünglichen Anlage markieren im Norden und Westen die beiden Schlösser: das Untere Schloß von 1272 (neu erbaut 1711) und das Obere Schloß (1669).

Am Hang oberhalb von Fürstenau liegt *Scharans* (766 m), ein stattliches Domleschger Dorf mit gut erhaltenem Ortsbild. An der alten Schinstraße stehen einige bemerkenswerte Bauten, etwa das Haus Gees (um 1540) mit Fassadenmalereien aus dem frühen 17. Jahrhundert. In der spätgotischen Pfarrkirche (1490) predigte Jörg Jenatsch, ehe er – unter dem Eindruck des Veltliner »sacro macello« – eine politisch-militärische Laufbahn einschlug.

Hinter Fürstenaubruck überquert man die Albula. Jenseits des Flusses erheben sich links auf einem abgeflachten Höhenrücken Schloß Baldenstein (12./17. Jh.) und die mittelalterliche Begräbniskapelle St. Cassian.

Am Eingang zur Schinschlucht liegt

Sils im Domleschg (683 m; 850 Einw.), 28 km, das 1887 durch einen Brand weitgehend zerstört wurde. Auffallend mitten im Ort der sogenannte »Palazzo«, heute Gemeindehaus, ein gutproportionierter kubischer Bau mit hohem Walmdach, 1740 errichtet für den in piemontesischen Diensten stehenden Generalmajor Conradin Donatz.

Von Sils aus kann man den römisch-mittelalterlichen Splügenweg noch weiterverfolgen – allerdings nur mehr »auf Schusters Rappen«: eine kleine Reise durch eine wildromantische Landschaft. – In 1 Stunde wandert man von der Bahnstation – vorbei an der restaurierten Burg Ehrenfels (⛺) – hinauf zur Ruine der

*** Burg Hohenrätien (947 m), die allein schon ihrer Lage hoch über dem Eingang in die Via Mala wegen einen Besuch verdient. Fast schwindelnd der Blick von dem exponierten Felskopf hinab in die Klamm; über dem Talinnern steht die markante Pyramide des Piz Timun (3209 m), im Norden liegt ausgebreitet das Domleschg. Der Überlieferung nach soll die Feste vom Etruskerkönig Rätus gegründet worden sein; Grabungen belegen eine vorgeschichtliche Kultstätte und Fluchtburg, aus der sich ein Kirchenkastell und schließlich eine Feudalburg entwickelte, im 12. Jahrhundert Besitz der Herren von Hoch-Rialt. Mit der Verlegung des Paßweges auf die westliche Talseite (um 1300) war das Schicksal von Hohenrätien besiegelt; nach der Reformation wurde auch die Kirche (Anfang 14. Jh.) aufgegeben.**

Wer noch weiter in die rätische Vergangenheit vorstoßen will, sollte den ¾stündigen Aufstieg zum *Crap Carschenna* (1131 m) unternehmen (markierter Weg). Knapp jenseits des Höhenrükkens kann man mit etwas Glück (keine Hinweistafeln!) bronzezeitliche Felsbilder entdecken. Die verschiedenen Darstellungen und Symbole (u. a. Kreise, Spiralen, Pferde) sind wohl im Zusammenhang mit Ritualhandlungen zu deuten; sie werden in die Zeit zwischen 3600 und 3000 v. Chr. datiert (Abstieg nordseitig nach Sils; insgesamt etwa 3 ½ Std.).

Unmittelbar am Eingang zur Via Mala liegt

Thusis (723 m; 2600 Einw.), 30 km, mit seiner schnurgeraden, nach dem letzten (dem achzehnten) Dorfbrand 1845 erbauten Hauptstraße (einige spätklassizistische Häuser). Sehenswert ist die einheitlich spätgotische Kirche, ein Werk von Andreas Bühler (1506). Der moderne Brunnen auf dem Rathausplatz erinnert an den Ausbau der Via Mala für den Wagenverkehr im Jahr 1473, »die richstras und den weg entzwüschend Tusis und Schams, so man nempt Fyamala«. Eine weitere Jahreszahl weist die Fertigstellung der »großen Commerzialstraße« über den Splügenberg und den Bernhardinpaß hin (1823). Den gesamten Warentransport besorgten damals die »Porten«, Fuhrmannszünfte, die gewerkschaftsähnlich organisiert waren.

Heute kennzeichnet Thusis reger Fremdenverkehr; ein kleines Skigebiet liegt unmittelbar »vor der Haustür« (Heinzenberg). Eine kurvenreiche Straße zieht westlich über Flerden (1231 m) und Tschappina (1577 m) hinauf zum *Glaspaß* (1846 m; 14 km), der den Übergang ins obere Safiental (vgl. Route 3) vermittelt. Seine Scheitelhöhe ist günstigster Ausgangspunkt für die Bestellung des **Piz Beverin* (2997 m), eines altberühmten Aussichtsgipfels (3 ½ Std., markierter Weg; Trittsicherheit erforderlich).

⌂⌂⌂ »Weiss Kreuz«; »Splügen«.
⌂ »Gemsli«; »Albula«.
⛺ »Viamala«.

Nur knapp 3 km nördlich von Thusis, an der Hauptstraße nach Chur, liegt

Cazis (659 m; 15000 Einw.), dessen Frauenkloster St. Peter und Paul angeblich bereits im 7. Jahrhundert gegründet wurde (urkundlich erwähnt 940). Die Pfarr- und Klosterkirche – der größte gotische Sakralbau Graubündens – stammt von Andreas Bühler (1504); sie erhielt nach einem Brand 1768 ihr barockes Kreuzgewölbe. Romanischen Ursprungs ist die Kapelle St. Wendelin am Dorfplatz, im Kern wohl noch älter die ehemalige Pfarrkirche St. Martin, die außerhalb des Ortes auf freiem Feld steht.

Thusis – * Passo del San Bernardino – Bellinzona (97 km)

Karte s. S. 24/25.

Die San-Bernardino-Route ist nicht nur die frequentierteste, sie ist auch eine der ältesten und zudem eine landschaftlich besonders reizvolle Alpentraverse im Bündnerland. Ihre Ursprünge verlieren sich in der Bronzezeit, die Geschichtsschreibung nennt eine Römerstraße, verzeichnet im Mittelalter regen Handelsverkehr, der dann mit der Eröffnung des Gotthard-Eisenbahntunnels (1882) fast schlagartig erlosch. Erst durch den Bau der modernen Nationalstraße N 13 und dem damit verbundenen Durchstich des Scheiteltunnels am San-Bernardino-Paß (1967 fertiggestellt) gewann der Übergang seine einstige Bedeutung zurück.

Stimmungsvolle Kontraste prägen die Fahrt über den San Bernardino, vom Domleschg ins Tessin: wilde Schluchten, erhaben-strenge Hochgebirgsbilder, dann im *Misox ein erster »Hauch des Südens«. Was für ein Gegensatz zwischen den weißschimmernden Gletschern des Ádulamassivs und der schon fast mediterranen Atmosphäre am Unterlauf der Moèsa! Eine richtige Bündner Reise, auf der man den drei Volksgruppen des Kantons begegnet, den Rätoromanen, den Walsern und den italienischsprachigen Misoxern.

Das **Misox* (Val Mesolcina) ist die Heimat zahlreicher großer Baumeister der Barockzeit, die im Ausland, vor allem in Bayern, aber auch in Salzburg und Leipzig, Hervorragendes leisteten. Enrico Zuccalli (1642–1724) aus Roveredo war neben Barelli Schöpfer der Münchner Theatinerkirche, er baute Schloß Schleißheim und war wie sein Landsmann Giovanni Antonio Viscardi (1645–1713) maßgeblich an Schloß Nymphenburg beteiligt. Gabriele de Gabrieli (1671 bis 1747), ebenfalls aus Roveredo, wirkte erst als markgräflicher Baudirektor in Ansbach, ab 1714 dann in bischöflichen Diensten in Eichstätt. Parallelen zum Sotto Ceneri (Tessin), das ebenfalls eine ganze Reihe genialer Architekten hervorbrachte, sind unverkennbar.

Die Fahrt in den Süden beginnt sehr animierend: Unmittelbar nach Thusis (siehe Route 5) geht es hinein in die Schluchten des Hinterrheins, zunächst durch das »Verlorene Loch«, dann – nach der Talweitung von Rongellen (866 m) – in die berühmte

****Via Mala. Leicht zu verstehen, daß die römischen Straßenbauer an diesem »Hindernis« nur wenig Freude hatten und bald das Wort vom »schlechten Weg« (= via mala) umging. Wer heute auf der modernen Nationalstraße N 13 unterwegs ist, nimmt von der wildromantischen Szenerie nur wenig wahr; Tunnels und Galerien verstellen den Ausblick weitgehend. Interessanter ist da die alte Straße, 1820–1823 angelegt, die den tiefen Schlund dreimal überbrückt; richtig abenteuerlich wird's aber erst, wenn man über den Treppenweg hinabsteigt in die »fürchterlichste Schlucht in Rhätien« (C. F. Meyer) – vor allem, wenn der Fluß viel Wasser führt (Frühsommer) und sein Gischten und Tosen jedes noch so laute Wort übertönt (an den Felsenwänden sind mehrere Hochwassermarken angebracht).**

Hinter der Via Mala öffnet sich die weite, freundliche Talmulde des *Schams* (romanisch Schons), wird der Blick frei auf die mäßig steile Westflanke, den Schamser Berg mit seinen Dörfern (kleine Rundfahrt via Lohn – Mathon – Wergenstein möglich; etwa 18 km ab Zillis).

Die Schamser gelten als besonders freiheitsliebendes, auf seine Selbständigkeit bedachtes Völkchen; überaus deutlich demonstrierten sie dies im sogenannten »Schamser Krieg«. Von ihren Lehensherren, den Grafen von Werdenberg-Sargans, zunehmend bedrängt, griffen sie 1451 zu den Waffen und vertrieben mit Hilfe der Bundesgenossen aus den Nachbartälern die Unterdrükker. Gar manche Burg, auch im Domleschg, ging damals in Flammen auf …

Alle Wirrnisse der Zeit überstanden hat dagegen in

Zillis (945 m; 300 Einw.), 8 km, die Kirche *St. Martin* mit romanischem Schiff und spätgotischem Chor. Ihr schlichtes Äußeres verrät kaum etwas von dem einzigartigen Schatz, den sie birgt:

Holzdecke von St. Martin (Ausschnitt)

die älteste figürlich bemalte, fast vollständig erhaltene ******Holzdecke* **der abendländischen Kultur, geschaffen um 1160. Sie besteht aus insgesamt 153, mit Ornamenten gerahmten Einzelfeldern, jedes 0,90 m² groß. Die Randzone (13 Bilder neu) zeigt in einem verbindenden Wasserstreifen allerlei Fabelwesen und Dämonen als Sinnbilder des Bösen, in den Ecken die vier Engel des Jüngsten Gerichts. Der große Zyklus im Innern ist eine faszinierende Bildergeschichte des Lebens Christi, beginnend mit den Königen des Alten Testaments, endend mit der Dornenkrönung. Ein letzter Streifen zeigt Szenen aus dem Leben des Kirchenpatrons, des heiligen Martin. (Geht man vor zum Chor, stellt links das erste Bild König David dar.)

6

Die Arbeit – vermutlich von einem Skriptor am bischöflichen Hof von Chur ausgeführt – läßt deutliche Bezüge zur zeitgenössischen Buchmalerei erkennen. Dem mittelalterlichen Weltbild gemäß ist die Erde als eine vom Weltmeer umflossene Fläche dargestellt, darüber das Himmelszelt. Von der Kirche sind es nur wenige Schritte zum *Schamser Talmuseum* (Tgea da Schons). In einem für die Gegend typischen Bauernhaus untergebracht, zeigt es volkskundliche Gegenstände sowie Dokumente zur Talgeschichte (nur in den Sommermonaten geöffnet).

🏨 »Pro L'ava«.

Andeer (982 m; 600 Einw.), 12 km, ist ein ruhiger kleiner Ferienort mit Thermalbad (Kalziumsulfat-Quelle). Zahlreiche stattliche Häuser erinnern an die »gute alte« Lasttier- und Postkutschenzeit; besondere Beachtung verdient das *Haus Pedrun (1505), vorzügliches Beispiel der für mehrere Bündner Talschaften charakteristischen Sgraffitodekoration (um 1580).

🏨🏨 »Fravi«. – 🏨 »Piz Vizan«; »Post«.
⛺ »Sut Baselgia«.

Oberhalb von Andeer gabelt sich das Tal: Links geht's ins Avers, rechts in die romantische **Roflaschlucht* (Steig), die das Schams vom Rheinwald trennt. Fast eine Welt für sich ist das

*** Avers,** das größte Seitental des Hinterrheins, im unteren engen und tief eingeschnittenen Teil Val Ferrera genannt. Erst oberhalb der Mündung des Valle di Lei öffnet es sich zu einem weiten Hochtal, das mit seinen fast baumlosen Flanken eher unwirtlich denn einladend wirkt. Nur ein zäher, genügsamer Menschenschlag konnte hier überleben: die Walser, vermutlich im 14. Jahrhundert eingewandert. Eine deutsche Sprachinsel »am End' der Welt«, ist man versucht zu sagen. Und in gewisser Weise trifft das auch zu, gilt doch

Juf (2126 m; 14 Einw.), am Endpunkt der knapp 25 km langen Talstraße gelegen, als höchste Ganzjahressiedlung im Alpenraum! Die Weiler Am Bach und Juppa sind typische Walsersiedlungen mit »gestrickten« Holzhäusern über gemauertem Sockel.

Während die Walser seit jeher Alpwirtschaft betrieben, brachte dem Val Ferrera – nomen est omen – im Mittelalter und dann vor allem im 16./17. Jahrhundert der Bergbau relativen Wohlstand. Eisen, Kupfer, Blei und Silber wurden hier abgebaut; alte Karten verzeichnen noch die Erzgruben am Piz Starlera (2735 m), und an der Straße steht die Ruine eines Schmelzofens. Heute bilden Wasserzinsen die Haupteinnahmequelle der Gemeinden. Im italienischen *Valle di Lei,* einem Seitental des Avers, wurde ein gewaltiger Stausee angelegt; dabei mußte für den Bau der 143 m hohen Betonsperre ein Gebietsabtausch zwischen den Nachbarländern vorgenommen werden. So steht die Staumauer auf Bündner Boden, während der ganze See (4,2 km²) auf italienischem Territorium liegt (genaugenommen handelt es sich um den zweiten Tausch; das Valle di Lei gehörte ursprünglich den Schamsern, die es an Bauern aus der Gegend um Chiavenna verpachteten, wodurch es im Lauf der Zeit de facto an Italien kam). Eine Stichstraße führt aus dem Avers zum Lago di Lei; sie durchsticht den Bergkamm, der die beiden Täler trennt, in einem 950 m langen Tunnel (geöffnet tagsüber Mitte Mai bis Ende Oktober).

Etwas weiter südlich, bei der Häusergruppe Cröt (1715 m), mündet das *Val Madris,* ein stiller, unberührter Gebirgswinkel, umrahmt von einem Kranz hoher Berge, leider in zweifacher Hinsicht bedroht: Es bestehen sowohl Pläne für ein Speicherbecken, das die Alp Preda (1951 m) unter Wasser setzen würde, als auch für einen Panzerschießplatz. Damit wäre es wohl mit der artenreichen Flora und Fauna, aber auch mit der Ruhe vorbei, die den Wanderer heute etwa beim Anstieg zum Pass da la Prasignola (2724 m; 3 Std.) umgibt. Von der Scheitelhöhe, rund 2000 m über der Sohle des Bergells, öffnet sich ein »Kaiserblick« auf die Granitzacken der Bergeller Berge (Piz Badile, 3308 m). Wandern: Das Avers ist ein prächtiges Tourengebiet; markierte Wege führen über den Stallerberg (2579 m) nach Bivio, über die Forcellina (2672 m) ins obere Bergell, über den Bergalgapaß (2790 m) und den Pass da la Duana (2694 m) nach Soglio. Ein immenses Panorama – vom Ortler bis zum Monte Rosa – hat man vom *Piz Platta* (3392 m); seine Besteigung bleibt allerdings erfahrenen Berggängern vorbehalten (5 Std. ab Avers-Cresta; mit Führer).

»Alpina« (Avers).
»Pension Edelweiß« (Juf).

Oberhalb der Roflaschlucht betritt man bei *Sufers* (1426 m; 110 Einw.), 23 km, dessen See zur Kraftwerksanlage Hinterrhein gehört, das

*** Rheinwald,** eine langgestreckte Talmulde, die sich – nur leicht ansteigend – westlich bis zum Fuß des Ádulamassivs hinzieht. Es wurde im 13. Jahrhundert durch deutschsprachige Kolonisten aus dem Pomat (Val Formazza) bzw. Oberwallis besiedelt und gilt als eines der Stammgebiete der Walser in Graubünden. Schon sehr viel früher, lange vor Beginn unserer Zeitrechnung, wurden die Pässe des Hinterrheins begangen. In der »Tabula Peutingeriana« – einer römischen Straßenkarte – sind sowohl der San Bernardino als auch der Splügen verzeichnet; 395 und 401 zog der römische Feldherr Stilicho samt Heer über den Spülgenpaß, 966 tat es ihm der Sachsenkaiser Otto I. gleich. Mit dem Ausbau der Wege nahm dann der Warenverkehr erheblich zu; im Rheinland zählte man «bey 500 Saumrosse«. Und im 19. Jahrhundert kamen die ersten Touristen, zumeist »erlauchte« Herrschaften, die sich so etwas leisten konnten: Königin Viktoria, Graf Alexej Tolstoi, Prinz Louis Napoléon stehen für viele Prominente aus Wirtschaft und Adel.

*** Splügen** (1457 m; 430 Einw.), 27 km, entwickelte sich am Kreuzungspunkt der wichtigen Paßwege San Bernardino, Splügen und Safierberg. Das Ortsbild beeindruckt durch seine – für walserische Gründungen untypische – Geschlossenheit. Die massiven Steinhäuser wirken trutzig-wehrhaft; einige haben durchaus herrschaftlichen Charakter, wie beispielsweise die Schorsch-Albertini-Häuser (1719) oder das Bodenhaus (1722), letzteres mit deutlich italienischem Einschlag. Im Gemeindehaus, 1716 errichtet (Vorzüglicher Régencestuck im Obergeschoß) ist das besuchenswerte *Heimatmuseum Rheinwald* eingerichtet. Es dokumentiert u. a. die Geschichte der Paßwege, zeigt volkskundliches Material und im Juli/August jeweils Ausstellungen zu wechselnden Themen (Ende Dezember bis Mitte April, Anfang Juli bis Mitte Okt. Di, Do und Sa 15–17 Uhr).

»Bodenhaus-Posthotel«.
»Piz Tambo«; »Pratigiana«.
»Auf dem Sand«.

*** Splügenpaß** (2113 m; 9 km). Mit der 1822 eröffneten Splügenstraße besteht (im Sommer) eine Direktverbindung mit der Comer-See-Region (bis Chiavenna 39 km). Abschnittsweise recht schmal und sehr kurvenreich, ist sie alles andere als eine »Rennstrecke«; dafür bietet die einstündige Fahrt viel Abwechslung und eindrucksvolle Gebirgsbilder. Von den ersten Serpentinen hat man einen hübschen Rückblick auf Splügen mit den steinplattengedeckten Häusern. Markierte Wanderwege führen von Bodmenstafel (1790 m) östlich zu den *Surettaseen* (2266 m; 1 ½ Std.), westlich zur Tanatzhöhe (2141 m; 1 Std.), beide Wanderungen mit prächtiger Aussicht auf die Gipfel jenseits des Rheinwalds (Valser Horn, 2886 m; Bärenhorn, 2929 m; Alperschällihorn, 3039 m).

Auf der Weiterfahrt im Rheinwald wird der Blick in den vergletscherten Talschluß frei. Marscholhorn (2963 m), Rheinquellhorn (3200 m), Hohberghorn (3005 m) und Kirchalphorn (3040 m) bilden die eindrucksvolle Kulisse; nicht sichtbar ist aus dieser Perspektive der »Monarch« des Ádulamassivs, das *Rheinwaldhorn* (3402 m), da es genau hinter dem Hohberghorn steht. Seine Besteigung via Zapporthütte und den Paradiesgletscher gilt als klassische Hochtour (nur mit Führer; 4 Std. ab Schutzhaus). Erster auf dem stolzen Gipfel war im Juli 1787 Pater Placidus a Spescha, ein Alpenpionier und Gelehrter aus dem Oberland (vgl. S. 31). Bei

Hinterrhein (1620 m; 80 Einw.), 37 km, der obersten Gemeinde im Rheinwald, verschwindet die Nationalstraße N 13 in dem 6,6 km langen Scheiteltunnel. Die alte Paßstraße steigt in 16 dicht aufeinander folgenden Serpentinen an der südlichen Talflanke hinauf und wendet sich dann ins Tälchen des Maseggbachs. Am

*** Passo del San Bernardino** (2065 m), 45 km, ist die Wasserscheide zwischen Rhein und Moèsa, zwischen Nordsee und Adria gewonnen. Der Übergang erhielt seinen heutigen gebräuchlichen Namen erst im 15. Jahrhundert, nach dem heiligen Bernhard von Siena; früher hieß er Vogelberg. An der südlichen Paßrampe sind Reste der römischen Straßentrasse erhalten (links der längeren Geraden zwischen Kehre 9 und 10).

Die weite Scheitelregion des San Bernardino mit ihren vom Gletschereis rundgeschliffenen Felsbuckeln und den vielen Seeaugen lädt geradezu ein zu kleinen Streifzügen, etwa nördlich zur Marschola (2172 m), wo sich ein Prachtblick auf das Rheinwaldhorn auftut. Wesentlich umfassender noch ist die Umschau vom Marscholhorn (2963 m; 2½ Std.). Neben den firnbedeckten Ádulagipfeln fällt im Panorama des »Fast-Dreitausenders« ein markanter Zacken ganz besonders auf, der Pizzo Uccello (2724 m), dessen unverwechselbare Felsgestalt sich östlich über dem
6
Bernhardinpaß aufbaut. Geübte besteigen ihn über die Alpe Montagna, das Val Vignum und die Ostflanke in etwa 3 Std. (Trittsicherheit erforderlich).

San Bernardino (1608 m; 160 Einw.), 53 km, am Südportal des Straßentunnels gelegen, ist ein aufstrebender Ferienort, schneesicher (Skigebiet Alpe de Confin), mit guten Wander- und Tourenmöglichkeiten. In der waldreichen Umgebung sind hübsche kleine Spaziergänge möglich; ein prächtiger Aussichtspunkt ist der *Rotond* (2829 m), dessen Gipfel in dem langgestreckten Bergkamm zwischen Misox und Calancatal aufragt (4 Std. via Confinalp; nur für Geübte).

⌂⌂ »Albarella-Neve«.
⌂ »Ravizza«.
⛺ San Bernardino.

In Sprache und Kultur mit dem Sopra Ceneri (Tessin) verwandt, aber seit Jahrhunderten zu Graubünden gehörend: das **Misox (Val Mesolcina),* die »mediterrane Überraschung« jenseits des San Bernardino. Wie schrieb Heinrich Federer (1866–1928), ein guter Kenner des Tals: »Schöne, ernste Mesolcina, lebe wohl! Noch selten sah ich so viel Erhabenes und Liebliches, so viel Epos und Lyrik beisammen wie in dir, du wunderbares Gedicht der Schöpfung.« Obwohl – dem Zeitgeist entsprechend – pathetisch überhöht, treffen diese Worte den Kern, verdeutlichen sie den besonderen Reiz dieses Bergwinkels: Die Kontraste bestimmen das malerische Bild.

Am schönsten erlebt man diese Gegensätze im Frühling, wenn im Rheinwald noch viel Schnee liegt, ein kalter Wind über den Bernhardinpaß streicht, am Unterlauf der Moèsa aber bereits die Kamelien blühen ...

Die Talfahrt vollzieht sich über zwei ausgeprägte Steilstufen, zwischen denen die Terrasse von *San Giacomo* (1170 m) liegt: in vielen engen Serpentinen auf der alten Paßstraße, auf der Nationalstraße N 13 in einigen weitgeschwungenen Schleifen, deren aufwendige Kunstbauten Bewunderung hervorrufen; vor anderthalb Jahrhunderten galt die neue »Commerzialstraße« als eine der modernsten im Alpenraum ...

Mesocco (766 m; 1100 Einw.), 67 km, ist der Hauptort des oberen Misox. An der Hauptstraße stehen einige stattliche Häuser des 16./17. Jahrhunderts; die 1219 bereits urkundlich erwähnte Pfarrkirche Santi Pietro e Paolo – ursprünglich eine Saalkirche mit zwei halbrunden Apsiden – wurde in der ersten Hälfte des 17. Jahrhunderts barockisiert.

Südlich außerhalb des Dorfes, auf einem felsigen, von der Moèsa umflossenen Geländesporn, thront das

**** Castello Mesocco** (Schloß Misox), die mächtigste Feste Graubündens, auch als Ruine noch sehr eindrucksvoll. Ursprünglich wohl eine Volksburg mit eigenem Gotteshaus, wurde sie im 11./12. Jahrhundert unter den Herren von Sax systematisch ausgebaut. Nach dem Verkauf an die Mailänder Familie Trivulzio (1489) mußte die Anlage 1525 auf Druck der »Drei Bünde« geschleift werden. Einem Angreifer hätte die Burg vermutlich leicht widerstehen können; die Mauerdicke des Bergfrieds erreichte stellenweise fast 6 Meter, und sogar die Kirche *Sta. Maria* mit ihrem schönen sechsgeschossigen Campanile (um 1100) war in das Vorwerk einbezogen.

Sta. Maria del Castello bewahrt im Schiff vorzügliche *Fresken von Cristoforo und Nicolao da Seregno (1459): an der Nordwand Passionsdarstellung und Heilige, darunter Monatsbilder mit derb-realistischen Alltagsszenen.

Die Umgebung von Mesocco muß bereits in grauer Vorzeit besiedelt gewesen sein. Grabungen im Zusammenhang mit den Bauarbeiten an der N 13 förderten Erstaunliches zutage: eine frühmittelalterliche, möglicherweise sogar römische Talsperre, bronzezeitliches Material und in acht Metern Tiefe Reste einer Siedlung, die ins 5. Jahrtausend v. Chr. datiert wird und damit die älteste in Graubünden ist.

Einige Kilometer weiter talwärts liegt auf einer kleinen Anhöhe über der Moèsa das Dörfchen

Soazza (622 m; 350 Einw.), 73 km, beherrscht von seiner weit ins Tal schauenden *Pfarrkirche, einem reich ausgestatteten Bau des Frühbarocks (1639; u. a. bemalte Holzdecke), der zusammen mit der Capella dell'Addolorata (1751) und dem verbindenden Treppenweg ein originelles Ensemble bildet.

Auf der Weiterfahrt kommt man vor Cabbiolo (446 m) an der **Cascata de Buffalora* vorbei. Im Frühling oder nach starken Regenfällen bieten die stürzenden Wasser ein besonders eindrucksvolles Schauspiel.

Die Talsohle weitet sich nun allmählich; der Vegetationswechsel kündigt den nahen Süden an: Kastanienbäume, Rebberge, die ersten Palmen. Über *Lostallo* (423 m), dessen hochgelegene Kirche (1656) interessante Illusionsmalereien aufweist, und Leggia kommt man nach

Grono (342 m; 850 Einw.), 85 km, früher ein berüchtigtes Nadelöhr an der San-Bernardino-Route. Mit dem Bau der N 13 hat der Dorfplatz sein malerisches Ambiente zurückgewonnen; die Kapelle Santi Rocco e Sebastiano von 1615 ist nicht mehr »sanierungsbedroht«. Das Dorf liegt auf dem Schwemmkegel der Calancasa, die im Ádulamassiv entspringt und das rund 25 km lange

***Val Calanca** durchläuft. In diesem abgelegenen Winkel Bündens hat sich viel Ursprüngliches erhalten, darunter auch volkskundlich interessante Bauformen, vor allem im Talinnern, die möglicherweise auf eine – längst italianisierte – Walser Kolonie zurückgehen. In *Sta. Domenica* (1035 m) überrascht die schöne *Barockkirche (1672; reichgeschnitzter Hochaltar von 1679). *Arvigo, Cauco* und *Rossa* (1071 m; 18 km ab Grono) zeigen malerische Ortsbilder. Doch die Kehrseite der Idylle ist auch hier, wie in manchen Tälern des Sopra Ceneri, nicht zu übersehen: die scheinbar unaufhaltsame Entvölkerung. Rossa zählte 1863 rund 450 Einwohner; im Jahr 1941 noch 120, heute sind es etwa 50 ...

Das Tal bietet gute Wander- und Tourenmöglichkeiten; von Valbella (1334 m) führt ein markierter Weg über den Passo di Trescolmen (2161 m) nach Mesocco (ca. 5 Std.).

Oberhalb von Grono, am Eingang ins Calancatal, liegen die beiden Ortschaften Castagneda (779 m) und

***Sta. Maria in Calanca** (955 m; 120 Einw.), auf gut ausgebauter Zufahrt (8 km) rasch erreichbar. Reizvoller ist es allerdings, zu Fuß über den alten Serpentinenweg hinaufzusteigen nach Sta. Maria, das wie ein Schwalbennest an einem steilen Geländesporn klebt, überragt von dem mittelalterlichen Torre (= Turm; 13. Jh.) und der weiß schimmernden Kirche. Es ist ein Weg durch die Jahrtausende, Natur- und Kulturerlebnis in einem. Die zweistündige Wanderung beginnt in Grono zwischen Rebbergen, Palmen und Kamelien, führt bei *Castagneda* (= Kastanienhain) tief in die Vergangenheit (jungsteinzeitliche Funde, 2400 v. Chr.; Gräberfeld der Lepontier, 6.–4. Jh. v. Chr.) und findet bei der prächtig ausgestatteten *Wallfahrtskirche *Sta. Maria Assunta* (17. Jh.) ihren würdigen Abschluß (Renaissance-Kassettendecke von 1606; der schöne *Flügelaltar von Ivo Strigel befindet sich heute im Historischen Museum, Basel).

Hauptort des unteren Misox ist

Roveredo (314 m; 2000 Einw.), 87 km, einst wichtiger Marktplatz (»Portici«) am Fuß des Passo di San Jorio (2014 m), über den ein vielbegangener Saumpfad ging (Straße zur Alpe Gesero, dann 1 ½ Std.). Vor allem die Barockzeit hat hier einige bemerkenswerte Zeugnisse hinterlassen. Hervorzuheben ist die *Kirche *Madonna del Ponte chiuso* (1656), zusammen mit der Steinbogenbrücke und dem Pilgerhaus eine malerische Baugruppe am Eingang zur Traversagnaschlucht. Im Chor der Pfarrkirche San Giulio gute Renaissancefresken (1545).

Über *San Vittore* (278 m), den letzten Ort auf Bündner Boden (Stiftskirche 13. Jh.; besuchenswertes *Talmuseum*), und Arbedo erreicht man

Bellinzona (s. Polyglott-Reiseführer »Tessin«), 97 km.

6

Route 7

* Chur – Tiefencastel – Julierpaß – * St. Moritz (77 km)

Karte s. S. 44/45.

Als vor rund 150 Jahren die Julierstraße bis Silvaplana gebaut wurde, dachte natürlich niemand daran, daß sie die »Schlagader« des Bündner Tourismus werden würde, ein von Millionen benützter Weg ins »gelobte Land«, ans Ziel der Urlaubswünsche: das ** Engadin. St. Moritz war damals noch ein Bauerndorf »hinter den sieben Bergen«, die Lenzerheide eine Heidelandschaft und keine Chalet-Stadt, und Savognin wartete darauf, von Segantini entdeckt zu werden. Ob er sie heute wiedererkennen würde, »seine« Landschaften im Oberhalbstein (Sursès) und am Oberlauf des Inn? Man darf es wohl bezweifeln; zu viel hat sich verändert, seit die Benzinkutsche die Welt und der Freizeitmensch die letzten Paradiese erobert hat. Hotels und Zweitwohnungssiedlungen prägen so manchen Ort an der Julierroute, Altes ist dem Zeitgeist geopfert worden, viele Gipfel »hängen« am Drahtseil. Schneekanonen sorgen dafür, daß man da und dort sogar Ski laufen kann, wenn's gar keinen Schnee hat ... Trotzdem: Der Zauber ist noch nicht ganz verflogen; wer sich Zeit läßt, kann links und rechts der Heerstraße Erstaunliches entdecken, sogar Einsamkeit erleben, und wer das Glück hat, an einem Schönwettertag über den Julierpaß zu kommen, wird den ersten Blick auf die Traumlandschaft des ** *Oberengadins* so schnell nicht vergessen: tiefblaue Seen, bewaldete dunkle Bergflanken, grüne Almböden, darüber Fels und gleißender Firn. Wen wundert's da, daß dieser Winkel der Alpen immer wieder mit verbalen Superlativen überhäuft, von Dichtern (auch selbsternannten) verherrlicht worden ist?

7

Die Fahrt von * Chur (s. S. 17) hinauf zur Lenzerheide bietet zunächst hübsche Aussicht ins Schanfigg (vgl. Route 2); in einer Kehre zweigt links die Straße nach Tschiertschen ab (s. S. 20). Hinter Malix (1130 m; 6 km) tritt die Feste *Straßberg* ins Blickfeld, als Stützpunkt der Österreicher im blutigen »Schwabenkrieg« (1499) gestürmt und seither Ruine. Weiter taleinwärts grüßt bereits der Kirchturm des ehemaligen Prämonstratenserklosters von

Churwalden (1229 m; 1200 Einw.), 10 km. Das Gotteshaus bewahrt einen vorzüglichen * Flügelaltar (1477) aus einer deutschen Werkstatt und über dem nur mehr in Bruchstücken erhaltenen spätgotischen Katharinenaltar ein gutes Fresko einer Marienkrönung (»Waltensburger Meister«, um 1340).

⌂⌂⌂ »Post«. – ⌂⌂ »Conrad« (garni).

Churwalden hat Anschluß an das weiträumige Skigebiet von Lenzerheide-Valbella; im Sommer verkürzt der Sessellift zur Stätzer Alm (1925 m) den Aufstieg zum Stätzer Horn (2574 m) um etwa die Hälfte (1 ¾ Std., markierter Steig). – Über *Parpan* (1493 m; 150 Einw.) ist rasch die Wasserscheide von Acl'Alva (1547 m) erreicht. Dahinter breitet sich das Hochplateau der

Lenzerheide (1400–1500 m) aus, heute zusammen mit Valbella (1535 m) eine der frequentiertesten Urlaubsregionen Graubündens (Lenzerheider/Lai, 1476 m). Am Ostufer des idyllischen Heidsees (1484 m) liegt die Talstation der Seilschwebebahn auf das *Parpaner Rothorn* (2863 m). Vom Gipfel genießt man ein immenses Panorama; bei Schönwetter herrscht allerdings auch ein ziemliches Gedränge. Wer es lieber ruhig hat (und gut zu Fuß ist), nimmt sich das *Lenzer Horn* (2906 m) zum Ziel: statt bequemer »Luftreise« ein gut vierstündiger Anstieg über die Alp Sanaspans (2045 m), oben eine herrliche Schau auf die Bergketten des Oberhalbsteins und des Albulatals. Nicht zu übersehen aus der Vogelperspektive ist die landschaftsfressende Zersiedlung der Heide durch Chalets und Appartementhäuser, ganz im Gegensatz zu den geschlossenen Ortsbildern von Muldain, Lain und Zorten (1205 m), die sich jenseits des Heidbachs an einen sonnigen Hang schmiegen. Sie bilden zusammen mit Lenzerheide-Valbella die Großgemeinde Vaz/Obervaz (rund 2000 Einw.); sie war – wie der Name verrät – einst in Besitz der mächtigen Herren von Vaz. Sehenswert ist die Kirche in *Lain* (1318 m), ein gelungener Barockbau mit bemalter Fassade (1680) und vorzüglicher Ausstattung (u. a. zwei kleine schwäbische Flügelaltäre, 1509/1520).

⌂⌂⌂ »Guarda Val«; »Schweizerhof«; »Sunstar«.
⌂⌂ »Sporz-Davains«; »Boffalora« (garni).
⌂ »Danis«.
△ Sartonserstraße. – △ »Gravas«.

Hoch über dem Tal der Albula liegt

Lantsch/Lenz (1314 m; 400 Einw.), 22 km, einst wichtiger Etappenort am Julier- bzw. Septimerweg. Im Reichsurbar von 831 werden in »Lanzes« die Marienkirche, ein Königshof und zwei Tavernen erwähnt; die Gegend war aber bereits viel früher besiedelt, wie Ausgrabungen an der Hügelkuppe »Bot da Loz« belegen (1. Jh. v. Chr.). Einen Besuch verdient auf jeden Fall die alte Pfarrkirche Sta. Maria, nicht zuletzt der bemerkenswerten Aussicht wegen, die man von der kleinen Anhöhe westlich des Dorfes genießt (Fresken des 14. Jhs., Flügelaltar von 1479). Auffallend am Friedhof zahlreiche kunstvoll geschmiedete Grabkreuze.
🏨 »Grischuna«.
⛺ »St. Cassian«; »Sozas«.

Am Ortseingang zweigt links die Höhenstraße nach *Brienz* (1146 m) und Alvaneu ab (vgl. Route 8). Sie bietet nicht nur prächtige Sicht auf die Berge um das Albulatal; die Pfarrkirche von Brienz bewahrt einen hervorragenden spätgotischen * Flügelaltar aus der Strigel-Werkstatt (um 1519). Auf der Weiterfahrt Richtung Davos kommt man an der Burgruine Belfort (12. Jh.) vorbei, die wenig oberhalb der Straße auf einem schmalen Höhenrücken thront.

Die Julierstraße senkt sich in einer weitausholenden Schleife zur Albula. Rechts etwas abseits liegt die Häusergruppe *Vazerol* (1130 m), ein in der Geschichte des Landes bedeutungsvoller Platz: Hier soll im Jahr 1471 die Vereinigung der »Drei Bünde« beschworen worden sein (historisch nicht verbürgt; vgl. S. 7).

Wahrzeichen von

Tiefencastel (882 m; 300 Einw.), 28 km, das als »Castellum Impetinis« bereits 831 urkundlich erwähnt wird, ist eine stattliche Barockkirche (1652), die den Feldkopf über der Mündung der Julia in die Albula krönt. Gut einen Kilometer weiter flußabwärts (Zufahrt von der Alvascheiner Straße), am Eingang in die Schinschlucht, steht auf einer Anhöhe das

** **Kirchlein St. Peter** in Mistail (901 m), als einziges praktisch unversehrt gebliebenes Beispiel einer karolingischen Dreiapsiden-Saalkirche (vor 800) ein Kulturdenkmal von nationaler Bedeutung. Lediglich Turm, Sakristei (beide vor 1397) und Beinhaus sind Zutaten jüngeren Datums. Im Innern (Flachdecke von 1640) finden sich neben gotischen Fresken auch Reste karolingischer Wandmalereien, die stilistisch jenen von Müstair verwandt sind (vgl. Route 13). Durch Grabungen wurden mehrere Vorgängerbauten der bestehenden Anlage nachgewiesen, ebenso Konventsgebäude des im 12. Jahrhundert aufgelösten Frauenklosters Wapitinis.

St. Peter, Mistail

🏨🏨 »Albula«; »Posthotel Julier«.
⛺ Tiefencastel.

In Tiefencastel bieten sich für die Fortsetzung der Fahrt in Richtung Julier zwei Möglichkeiten: die gut ausgebaute, aber stark frequentierte Hauptstraße und der windungsreiche »Autowanderweg« über die Dörfer an der westlichen Talseite. Er folgt abschnittsweise dem alten Paßweg, der den Felsriegel des Crap Ses (1127 m) – die Pforte zum Oberhalbstein – umging und über Mon, den Sattel von Del (1373 m), Salouf und Riom nach Savognin führte. Dieser kleine Umweg (inkl. Abstecher nach Stierva knapp 10 km mehr) vermittelt nicht nur eine bemerkenswerte Aussicht auf das Oberhalbstein und seine Gebirgsumrahmung; der Kunstliebhaber entdeckt manches Kleinod am Weg, etwa die * Kirche von *Stierva* (1375 m), ein vorzüglicher spätgotischer Bau des Innsbruckers Lorenz Höltzli (1521) mit verspieltem Rautengewölbe. Der Flügelaltar – einer der besten in Rätien – stammt aus einer Ulmer Werkstatt (1504).

Auf einer weitschauenden Anhöhe unterhalb von *Mon* (1231 m) erhebt sich die Kirche SS. Cosmas und Damian; das romanische Gotteshaus mit seinem massigen Turm bewahrt gute Fresken des 14. und 15. Jahrhunderts. Jüngeren Datums ist die Pfarrkirche, ein stattlicher Barockbau (1648), der zusammen mit dem Pfarrhaus ein malerisches Ensemble mitten im Dorf bildet. Schönste Zierde der Pfarrkirche (1501) von *Salouf* (1258 m) ist ebenfalls ein spätgotischer Flügelaltar (um 1500).

Riom (1257 m), gegenüber von Cunter am sanft ansteigenden Hang gelegen, wird beherrscht von einer mächtigen Burgruine. Die Burg, um 1200 erbaut von den schwäbischen Freiherren von Wangen, deren Hauptbesitz in Südtirol lag – war einst Sitz des bischöflichen Landvogts, später Versammlungsort der »Landsgemeinde«.

Savognin (1207 m; 850 Einw.), 38 km, ist der Hauptort des *Oberhalbsteins* (Sursès) und sein touristisches Zentrum. Es erlebte in den letzten zwei Jahrzehnten eine stürmische Entwicklung. Heute ist Savognin ein frequentierter Wintersportort, mit seinen guten Wander- und Tourenmöglichkeiten aber auch im Sommer besuchenswert (jüngste Errungenschaft: ein künstlicher Badesee, 1,5 ha groß, im Winter – bei abgelassenem Wasser – als Parkplatz dienend). In der Umgebung sind mehrere vorgeschichtliche Siedlungen ausgemacht worden, vor allem aus der Zeit zwischen 1800 und 1300 v. Chr. Das reiche Fundmaterial belegt einen bereits damals regen Paßverkehr; im Mittelalter war Savognin Umschlagplatz an der Septimerroute. Die drei historischen Siedlungskerne – zwischen den vielen Chalets und Zweitwohnungen noch gut auszumachen – besitzen je eine Barockkirche. *St. Martin* in Sur-Curt (1236 m) zeichnet sich dabei nicht nur durch die schöne Lage vor dem imposanten Gipfelkranz des Val d'Err aus; die monumentale *Kuppelmalerei von Carlo Nuvolone (1681) hat in Graubünden kein Gegenstück: In sieben konzentrischen Kreisen, die den Aufstieg in himmlische Gefilde suggerieren, ist virtuos das Paradies dargestellt – ein Meisterwerk der Barockkunst! St. Martin findet sich auch auf einigen Skizzen und Gemälden von *Giovanni Segantini* (1858–1899) wieder; der aus Oberitalien stammende Künstler lebte und arbeitete acht Jahre in Savognin, ehe er ins Oberengadin zog. Die »Sala Segantini« zeigt wechselnde Kunstausstellungen. Ein Bild vom bäuerlichen Leben früherer Tage vermittelt das *Regionalmuseum* (🕓 Juli/August, Weihnachten bis Ostern).

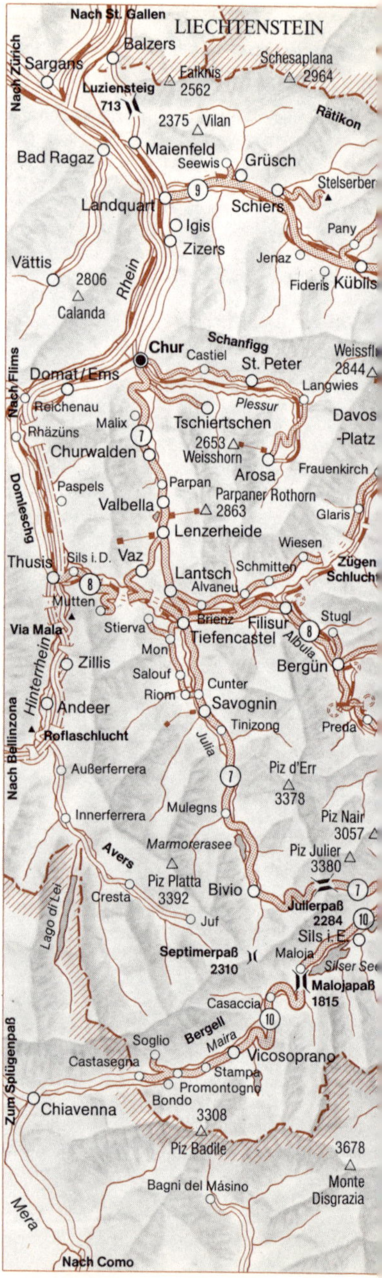

Nach Feldkirch
Nach Landeck
ÖSTERREICH
Trisanna
Nach Landeck
Sulzfluh
2817
Schruns
Montafon
Ischgl
Partnun
St. Antönien
Paznaun
Inn
Samnaun
Saas i.P.
Bielerhöhe
2036
Fluchthorn
3399
3294
Muttler
Strada
Nauders
Serneus
Klosters
Vnà
Ramosch
1504
Reschenpaß
1631
Wolfgangpaß
3312
Piz Buin
Silvretta
Sent
Davoser See
Piz Linard
3411
Guarda
Ardez
Ftan
Scuol
Reschensee
Dorf
Vulpera
Tarasp
St. Valentin
auf der Haide
Flüelapaß
2383
Lavin
Susch
Dischmatal
Sertigtal
3147
Schwarzhorn
Piz Pisoc
3174
S-charl
Sertig-
Dörfli
Dürrboden
Zernez
3205
Piz Sesvenna
Mals
Piz Vadret
3229
Brail
Il Fuorn
Taufers
Etsch
Chants
Piz Kesch
3418
Chinuos-chel
Schweizerischer
Nationalpark
Pass dal Fuorn
2149
Lü
Kloster St. Johannes
Müstair
Nach Meran
S-chanf
3165
Piz Quattervals
Tschierv
Sta. Maria
Albulapaß
2312
Zuoz
Inn
Valchava
La Punt
Lago
di
Livigno
2501
Pass Umbrail
Bever
Samedan
Livigno
3905
Ortler
Sulden
Muottas Muragl
2453
Stilfser Joch
2757
Celerina
Pontresina
Passo di
Foscagno
2291
Bórmio
St. Moritz
3262
Piz Languard
ITALIEN
Silvaplana
Silvaplaner See
Forcola di Livigno
2315
Sta. Caterina Valfurva
Cima de'Piazzi
3439
Diavolezza
2973
Berninapaß
2328
La Rösa
3451
Piz Corvatsch
3905
Piz Palü
Piz Bernina
4049
Passo di Gávia
2621
San Carlo
Mondadizza
Poschiavo
Lago di Poschiavo
Grósio
Grosotto
Le Prese
Chiesa in Valmalenco
Nach Ponte di Legno
Brúsio
Campocologno
Adda
Veltlin
ITALIEN
Tirano
Nach Sóndrio
ROUTEN 7 BIS 13
0
10
Kilometer
N

7

Gondelbahn Radons (1866 m); Sessellifte Tigignas – Somtgant (2112 m).
»Cresta«; »Danilo«.
»Arlos«; Pianta«.
»Nandro-Camping«.

Tinizong (1232 m; 850 Einw.), 40 km, als Tinneto bereits auf römischen Karten verzeichnet, ist ein typisches Straßendorf. Es brannte 1864 fast vollständig ab; verschont blieb lediglich die barocke Pfarrkirche (1663). Sie besitzt einen spätgotischen * Flügelaltar aus der Werkstatt des Jörg Kändel (1512).

Eine ausgeprägte Talstufe führt hinauf nach Rona (1408 m), dem ersten Dorf »Ob dem Wald« (Surgôt). Hinter Mulegns (1486 m) zweigt ein schmales Sträßchen ab, das sich über Sur (1584 m) steil zur Terrasse von *Flix* (1977 m; 3 km) hinaufzieht. Die ausgedehnte Alp liegt an dem landschaftlich sehr schönen, durchgehend markierten Höhenweg Bivio-Savognin (ca. 9 Std.).

Auf der Weiterfahrt kommt bald der Erddamm des

*** Marmorera-Stausees** (1860 m) ins Blickfeld. Auf dem Grund des 1,4 km² großen Speichersees liegt das alte Dörfchen Marmorera; jenseits der 375 m langen Mauer »klebt« in den Felsen die Ruine der Balmburg Marmels, urkundlich erwähnt 1160 als Sitz der Herren von Marmels, seit dem 16. Jahrhundert verfallend. – Oberstes Dorf an der Julia ist

Bivio (1769 m; 260 Einw.), 55 km, ein beliebter kleiner Ferienort. Es verdankt seinen Namen den beiden Paßwegen über den Julier und den Septimer, die sich hier gabeln (bivium = Gabel). Der Flecken (Kirche von 1518 mit prachtvollem spätgotischem * Flügelaltar) ist ein Unikum, nicht nur in Graubünden: Hier leben Angehörige dreier Volksgruppen, die zudem zwei verschiedenen Konfessionen angehören und nicht weniger als fünf Idiome sprechen: den Bergeller Dialekt, das Lombardische, das Engadiner Ladin, das Rätoromanische des Sursès und das Schwyzerdütsch der vom Avers eingewanderten Walser. Amtssprache ist – wen wundert's – das Italienische ... Bivio: Beispiel für friedliches Miteinander über Sprach- und Religionsgrenzen hinweg?

Daß gerade hier (und sonst nirgends im Alpenraum) das Italienische über die Nord-Süd-Wasserscheide vordringen konnte, hat seinen Grund in den traditionell engen Bindungen mit dem Bergell über den Septimerweg (2310 m). Heute nur mehr Wanderroute (bis Casaccia 5 Std.), war der Septimer einst einer der wichtigsten Alpenübergänge. lange vor der Römerzeit benutzt, bereits 1387 fahrbar gemacht. Seine Funktion hat – zumindest teilweise – die moderne Hauptstraße Nr. 3 übernommen. Sie windet sich durch das offene, baumlose Hochtal hinauf zum

*** Julierpaß** (Pass dal Güglia, 2284 m), 64 km. Ein kleiner See belebt die Scheitelregion; die Säulenfragmente links und rechts der Straße erinnern daran, daß auch der Pass dal Güglia bereits von den Römern begangen wurde. – Bei der anschließenden kurzen Talfahrt wird unvermittelt der Blick frei auf die »Traumlandschaft« des

**** Oberengadins:** das Seenplateau, rund 15 km lang, dabei um nicht einmal 50 m ansteigend, gesäumt von firnbedeckten Dreitausendern. Eine Bilderbuchszenerie, am schönsten von der »Via Engiadina« aus, dem durchgehend markierten Höhenweg, der St. Moritz mit Maloja verbindet und an der nordwestlichen Talflanke entlangläuft (7 Std.).

*** Silvaplana** (1815 m; 800 Einw.), 71 km, Luftkur- und Wintersportort, liegt auf dem Schwemmkegel der Ova, der den Silvaplaner vom Champfèrer See trennt. Touristische Hauptattraktion ist der *Piz Corvatsch* (3451 m), durch eine Seilschwebebahn erschlossen – der höchstgelegenen in Graubünden –, nicht nur ein grandioser Aussichtsgipfel (Bergstation Murtel, 3304 m), sondern auch ein herrlicher »Skiberg« (Sommerskilauf am Corvatsch-Gletscher).

»Sonne«; »Chesa Surlej«.
»Arlas«; »Conrad«.
Silvaplana.

*** St. Moritz** (1810 m; 6000 Einw.), 77 km. Der Name hat fast magischen Klang (und ist seit jüngstem urheberrechtlich geschützt), man verbindet ihn mit Sonne und Wintersportfreuden, denkt an Prominenz und Adel in mondänen Hotels; man erinnert sich, daß hier zweimal Olympische Winterspiele ausgetragen wurden (1928/1948), hat von den Pferderennen auf dem zugefrorenen St.-Moritzer-See gehört oder vom Cresta Run, der legendenumrankten Skeletonbahn. St. Moritz – ein Gesellschaftsereignis ...

Der weltberühmte Nobel-Ferienort ist aber auch ein Heilbad mit modernem Kurzentrum im Ortsteil »Bad« (1778 m). Die kohlesäurehaltigen Eisenquellen wurden, wie Funde belegen, schon vor rund 3000 Jahren genutzt; auch Paracelsus pries ihre Heilwirkung. So verwundert es kaum, daß St. Moritz im ausgehenden Mittelalter ein vielbesuchtes Bad war, geschätzt beim lombardischen Adel. Ein Modell der urzeitlichen Quellfassung ist im * *Engadiner Museum* zu sehen. Es zeigt eine umfangreiche volkskundliche Sammlung sowie im Stil ihrer Zeit möblierte Interieurs (◷ Juni bis Oktober Mo–Fr 9.30–12 und 14–17 Uhr, So 10–12 Uhr; im Winter Mo–Fr 10–12 und 14–17 Uhr, So 10–12 Uhr). Ganz dem Werk von Giovanni Segantini (1858–1899), der seine letzten Lebensjahre im Engadin verbrachte (vgl. S. 10), ist das jüngst erweiterte *Segantini-Museum* gewidmet (◷ Juni bis Oktober Di–Sa 9–12.30 und 14.30–17 Uhr, So 10.30–12.30 und 14.30–16.30 Uhr; im Winter Di–Sa 10–12.30 und 15–17 Uhr, So 15–17 Uhr).

Das »Dorf« – der alte Siedlungskern über dem See – hat längst städtischen Charakter; etwas verloren steht der »Schiefe Turm«, Überrest der im 19. Jahrhundert abgebrochenen Mauritiuskirche, zwischen Betonburgen und Hotelkästen. Im Ortsbild dominiert das »Palace«, eines jener »Loire-Schlösser« aus der Pionierzeit (1894) und noch heute eines der ersten Häuser am Platz. Es braucht kaum besonders hervorgehoben zu werden, daß St. Moritz vielfältigste Sportmöglichkeiten anzubieten hat, sommers wie winters. Mittlerweile berühmt ist das Massenspektakel des »Engadiner Skimarathons« mit jeweils über 10 000 Teilnehmern; bekanntester Skiberg ist der *Piz Nair* (3057 m), dessen Gipfel ein großes Panorama bietet. Fast unerschöpflich sind die Wandermöglichkeiten; die Palette reicht von beschaulichen Spaziergängen am St.-Moritzer-See oder im nahen Stazer Wald bis zu der bereits recht anspruchsvollen Runde um den Piz Surlej (Fuorcla Surlej, 2755 m; ca. 7 Std.). Ein dankbares Gipfelziel für trittsichere, ausdauernde Berggänger ist der *Piz Julier (Güglia,* 3380 m; 5 Std.).

ⓘ Kur- und Verkehrsverein, CH-7500 St. Moritz; Tel. 0 82/3 31 47; Fax 0 82/3 29 52.

🚡 Standseilbahn St. Moritz–Corviglia (2486 m); Seilschwebebahn Corviglia–Piz Nair, St. Moritz-Bad–Signal (2110 m).

⌂⌂⌂L »Carlton Hotel«; »Kulm«.
⌂⌂⌂ »Albana«; »Post«; »Schweizerhof«; »Waldhaus am See«.
⌂⌂ »Bellaval«; »Bernina«; »Chesa sur l'En«.
⌂ »Sonne« (garni).
△ »Stille«, St. Moritz-Bad, Via Surpunt 60.
△ »Olympiaschanze«, St. Moritz-Bad.

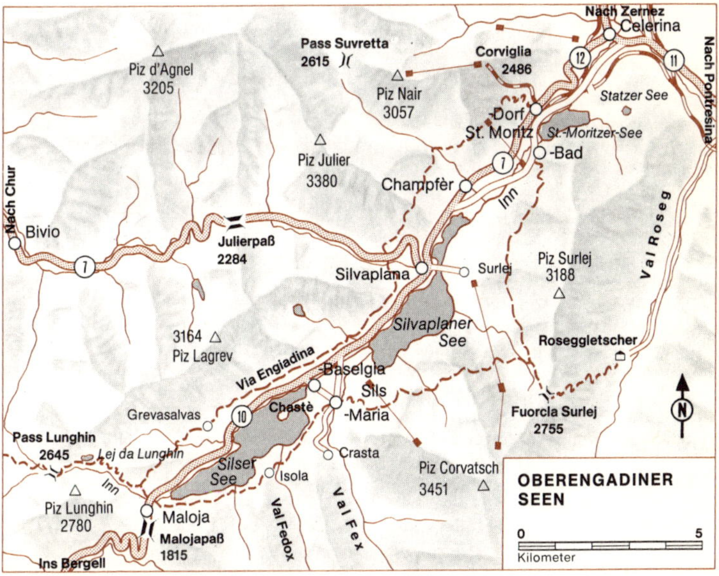

Thusis – Tiefencastel – ** Albulapaß – La Punt (53 km)

Karte s. S. 44/45.

Zu behaupten, der kürzeste Weg ins ** Engadin führe über den Albulapaß, mag etwas vermessen erscheinen, ist aber nicht ganz unzutreffend: Die Ortschaften Filisur und Bergün, beide diesseits des Passes gelegen, sind nämlich vom Habitus her bereits typische Engadiner Dörfer, und in Bergün spricht man das Ladin, den gleichen rätoromanischen Dialekt wie am Oberlauf des Inn.

Historisch stand der früher auch als »Weissenstein« bekannte Übergang stets im Schatten von Julier und Septimer, obwohl er für den Verkehr mit dem Engadin nicht ohne Bedeutung war. Erst 1903, ein Vierteljahrhundert ehe Graubünden seine Tore für das Automobil öffnete, schlug seine Stunde: Damals wurde die *Albula-Linie* der Rhätischen Bahn – zweifellos eine der kühnsten Gebirgsbahnen im ganzen Alpenraum – in Betrieb genommen. Mit der Massen-Motorisierung der letzten Jahrzehnte ist der Albula wieder ins »Hintertreffen« geraten, doch seine Bahn, die herrliche Landschaft und die schmucken Dörfer haben nichts von ihrem Reiz eingebüßt. Und daß auf den 40 Straßenkilometern zwischen Tiefencastel und La Punt meist nur wenig Verkehr herrscht, wird niemand als störend empfinden...

Die Albula durchläuft in ihrem untersten Abschnitt, vor der Mündung in den Hinterrhein, die malerische *Schinschlucht,* allerdings – geologisch gesehen – erst seit neuerer Zeit. Ursprünglich floß sie über die Lenzerheide direkt nach Norden ab. Der alte Saumpfad umging die Klamm an der rechten, nördlichen Talflanke. 1863 wurde die linksseitige Straße angelegt; heute, nach aufwendigen Sanierungen, präsentiert sie sich als moderner Verkehrsträger. Dreimal verschwindet das Asphaltband in einem längeren Tunnel; zwischen der ersten und zweiten Röhre (8 km ab Thusis) hat man rechts die Abzweigung hinauf nach

Mutten (1394 m; 4 km). Das einspurige Sträßchen – praktisch eine einzige Folge von Serpentinen – verlangt schon etwas Fahrkunst, vor allem bei Begegnungen (etwa mit dem Postauto) unterwegs. Mutten ist eine Walser Siedlung, vermutlich im 14. Jahrhundert durch die Freiherren von Vaz zur Sicherung des Verbindungswegs zwischen ihren Besitzungen im Schams und im Albulatal mit »tütschen lüt« besetzt. In Obermutten (1860 m), dessen alter Name »Oberstuf« (zuoberst) lautet, steht – als Unikum in Graubünden – eine reine Holzkirche, Baujahr 1718! Von der Sommersiedlung spaziert man in einer halben Stunde hinauf zur abgeflachten Kuppe der *Muttner Höhe* (2003 m); sie bietet packende Tiefblikke ins Domleschg, in die Schinschlucht und ins Albulatal.

Hinter der Bahnstation Solis (851 m) wechselt die Schinstraße auf die rechte Talseite; von der modernen Brücke hat man einen schwindelnden Blick in die Klamm. Das Dörfchen Alvaschein (1001 m), am alten Schinweg gelegen, wird in einem fast 2 km langen Tunnel unterfahren. Bei

Tiefencastel (882 m; 300 Einw.), 13 km, kreuzt man die stark frequentierte Julierstrecke (s. Route 7). Weiter taleinwärts, zwischen Surava (904 m) und Alvaneu-Bad (957 m), dessen ergiebige, bereits 1474 bekannte Schwefelquelle z. Zt. nicht genutzt wird, zweigt links die Straße über Alvaneu und durch die Zügenschlucht nach Davos ab (28 km). Sie ist nicht nur eine wichtige Verbindung mit dem weltberühmten Fremdenverkehrsort im oberen Landwassertal, die gut ausgebaute Strecke bietet auch viel Abwechslung. Hervorzuheben sind die prächtigen Ausblicke auf das Albulatal und seine Bergkulisse (Piz Ela, 3339 m). In der barocken Pfarrkirche (1697) von *Alvaneu* (1181 m) steht ein hervorragender spätgotischer *Altar (um 1500), barock gerahmt. Ein besonders reizvolles Ensemble bilden die beiden Kirchen von *Schmitten* (1280 m). St. Luzi, im 12./13. Jahrhundert erbaut, bewahrt (leider schlecht erhaltene) Fresken aus gotischer Zeit; die Pfarrkirche mit ihrem mächtigen Frontturm wurde 1706 barockisiert. Im alten Schulhaus unterhalb des Kirchhügels ist das besuchenswerte *Heimatmuseum* eingerichtet. Neben allerlei volkskundlichem Material zeigt es auch Dokumente zum ehemaligen Bergbau. In der Umgebung von Schmitten (Name!) gab es insgesamt zwölf Gruben, in denen neben Eisenerz auch Blei, Zink, Kupfer und Silber gewonnen wurden.

Auf einer Terrasse über der Mündung der Zügenschlucht liegt

Wiesen (1437 m; 270 Einw.), wie das benachbarte Schmitten von Davos her besiedelt und ein kleiner, ruhiger Ferienort, der ungewöhnlich günstige Klimadaten vorweisen kann (u. a. extrem hohe Sonnenscheindauer). Unterhalb des Dorfes überquert die Rhätische Bahn auf dem 88 m hohen Wiesener Viadukt das Landwasser. Die Straße senkt sich in Windungen zum Bärentritt (1265 m), einem hübschen Aussichtspunkt an der Mündung der wilden *Zügenschlucht,* die ihren Namen den zahlreichen, jeden Winter zu Tal »ziehenden« Lawinen verdankt. Heute umfährt man die Klamm in einem 3 km langen Tunnel; das alte Sträßchen ist dadurch zu einem schönen – autofreien – Wanderweg geworden (1 Std. bis Schmelzboden; vgl. Route 9).

⌂ »Sonnenhalde«.

An der Albularoute tritt hinter Alvaneu-Bad ein weiteres imposantes Bauwerk der Rhätischen Bahn ins Blickfeld: das Landwasser-Viadukt, eine gemauerte Bogenbrücke, 65 m hoch, 130 m lang.

***Filisur** (1032 m; 490 Einw.), 22,5 km, ist ein typisches Straßendorf, ganz zum Paßweg hin orientiert, bereits stark von der Engadiner Bauweise geprägt: breite Giebelfassaden mit Sgraffitoschmuck, Solètüren, Erker, schmiedeeiserne Fenstergitter. Die im Kern noch mittelalterliche, 1495 umgebaute Kirche wurde zu Beginn des 16. Jahrhunderts ausgemalt, vermutlich von einem italienischen Meister. Über dem Dorf thront in den Felsen die Ruine der Burg Greifenstein (12. Jh.).

⌂ »Grischuna«; »Rätia«; »Weisses Kreuz«.
⛺ »Isla«.

Ein ähnlich stilvolles Ortsbild wie Filisur zeigt

***Bergün/Bravuogn** (1367 m; 500 Einw.), 30 km, das sozusagen »eine Etage höher« in einer freundlichen, waldumsäumten Talweitung an der Mündung des Val Tuors liegt. 1866 wurde die Albulastraße fertiggestellt, doch bereits Ende des 17. Jahrhunderts rückte man dem felsigen Sperriegel des »Bergüner Steins« (1302 m), der zu einem Umweg zwang, mit Schwarzpulver zu Leibe – damals ein aufsehenerregendes Unterfangen! Erfahrung im Umgang mit explosiven Materialien hatten wohl die Bergleute im Tal, wurde hier doch schon im Mittelalter Erz gefördert und auch verhüttet (Reste der Schmelze Bellaluna, 1086 m). Heute ist Bergün ein beliebter Ferienort mit guten Ausflugs- und Sportmöglichkeiten (Skigebiet Darlux). Im stark engadinisch wirkenden Ortsbild fällt der massige Platzturm auf, vermutlich um 1200 errichtet, Anfang des 17. Jahrhunderts zum Glockenturm umgestaltet. Die 1188 erbaute reformierte Kirche besitzt eine reich geschnitzte spätgotische *Flachdecke im romanischen Schiff; den gotischen Chor (um 1500) schmücken Fresken eines oberitalienischen oder Südtiroler Meisters. Wandmalereien sind auch die kostbarste Zierde des Kirchleins in *Stugl* (1551 m; 3,5 km). Die vorzüglichen *Fresken lassen deutlich den Einfluß Giottos erkennen (14. Jh.).

Im landschaftlich großartigen **Val Tuors* besitzt Bergün ein weites Wander- und Tourenrevier; auf schmalem Sträßchen ist die Fahrt taleinwärts bis zur Häusergruppe Chants (1822 m; 7,5 km) möglich. Markierte Wege führen über hohe Pässe in die Nachbartäler, z. B. via Fuorcla da Funtana (2594 m) und den Scalettapaß (2606 m) ins Dischmatal. Ein verlockendes Gipfelziel ist der **Piz Kesch* (3418m), höchste Erhebung im weiten Umkreis und mit entsprechendem Panorama (Gletschertour, nur mit Führer).

⌂⌂ »Weisses Kreuz«. – ⛺ Bergün.

Hinter Bergün beginnt der spektakulärste Abschnitt der *Albula-Bahnlinie:* Auf einer Strecke von 12,5 km überwindet sie den beachtlichen Höhenunterschied zum Scheiteltunnel (416 m). Von der Paßstraße aus (im Winter beliebte Rodelbahn) läßt sich der gewundene Verlauf mit insgesamt vier Spiraltunnels verfolgen; einen noch besseren Einblick vermittelt der 8 km lange *Bahnhistorische Lehrpfad* (markiert, 2 Std.). Ein Modell der berühmten Bahnstrecke ist im neuen *Ortsmuseum* von Bergün zu besichtigen.

Bei *Preda* (1789 m; 36 km), verschwindet die Bahn in dem 5865 m langen Albulatunnel. Die Paßstraße zieht nach zwei Kehren am malerischen *Lai da Palpuogna (1918 m) vorbei und gewinnt schließlich in dem zunehmend öder werdenden Hochtal die Höhe des

****Albulapasses** (2312 m), 44 km. Auffallend sind die riesigen, vom Piz Üertsch (3268 m) und vom Piz Blaisun (3200 m) herabziehenden Schuttströme. Die Talfahrt – zuletzt über eine Gruppe von 9 Serpentinen – bietet gute Aussicht ins **Oberengadin.

La Punt (1687 m; s. Route 12), 53 km.

Landquart – Davos – Flüelapaß – Susch (70 km)

Karte s. S. 44/45.

Wären da nicht die Straßenschilder, man könnte auf der Fahrt durchs Rheintal die Abzweigung ins ******Prättigau* und nach *Davos* leicht übersehen, so schmal ist der Eingang in das von der Landquart durchflossene Tal. Wenn das Wort vom »Tor zur Bündner Bergwelt« irgendwo seine Berechtigung hat, dann hier, öffnet sich hinter der Mündungsklamm doch eine weite, von Wiesen und Wäldern geprägte Talmulde, die nach Osten hin allmählich bis zum Fuß der Silvretta ansteigt, zur Linken flankiert von den schönsten Kalkgipfeln Bündens, jenen des ******Rätikons.*

Bis ins ausgehende Mittelalter war das Prättigau romanisch, was viele Flur- und Ortsnamen belegen; erst mit dem Vordringen der Walser im 14.–16. Jahrhundert wurde es nach und nach germanisiert. Die Bezeichnung »Prättigau« leitet sich übrigens nicht – wie man annehmen könnte – vom lateinischen pratum (= Wiese) ab; sie geht vielmehr auf einen Keltenstamm zurück (Prettonos).

Recht interessant, wenn auch ziemlich verwirrend, ist ein Blick in die wechselvolle Geschichte. Obwohl seit 1436 im »Zehngerichtebund« zusammengeschlossen (s. S. 7), 1471 mit dem »Grauen« und dem »Gotteshausbund« vereinigt (»Drei Bünde«), waren die Prättigauer und Davoser bis 1649 – zumindest de jure – Österreicher. Dies wirkte sich vor allem im Schwabenkrieg (1499) fatal aus: Als Untertanen der Habsburger hätten sie für Maximilian gegen ihre Bundesgenossen in den Kampf ziehen sollen!

Touristisches Zentrum der Region ist Davos, weltbekannter Fremdenverkehrsort und »höchstgelegene Stadt Europas«. Das oberste Landwassertal bietet denn auch ein sehr städtisches Ambiente, in starkem Kontrast zu den Weilern und Siedlungen in den Seitentälern und auf den Sonnenterrassen des Prättigaus. Wer »Alt Fry Rätien« erleben will, in Furna, Schuders oder St. Antönien ist es noch lebendig …

Von Landquart (523 m; siehe Route 1) führt die Davoser Straße durch schöne Auenwälder schnurgerade zur Mündung der *Klus,* die mit ihren hochragenden Felswänden den Eingang zum Prättigau abriegelt. Nördlich über der Klamm, auf einer sonnigen Hangterrasse, liegt

Seewis (960 m; 950 Einw.), im Jahr 1863 durch einen Großbrand weitgehend eingeäschert, heute ein beliebter kleiner Ferien- und Erholungsort mit guten Wandermöglichkeiten (Zufahrt 4 km). In 4 Std. besteigt man den gleichermaßen für seine artenreiche Flora wie sein prächtiges Panorama bekannten *Vilan* (2376 m); die gleiche Gehzeit muß für die Talwanderung zur Schesaplana-Hütte (1908 m) angesetzt werden. Das Schutzhaus dient u. a. als Stützpunkt bei einer Besteigung der *Schesaplana* (2964 m, 3 Std.), des höchsten Rätikongipfels, dessen gewaltige Südwand man bereits von Seewis aus bewundern kann. Auf dem Hüttenweg lag früher das Bad Ganey. Einst überaus beliebt, wurde es während der Koalitionskriege 1799 beschädigt und dann dem Verfall preisgegeben. Bedauerlicherweise, wenn man an die von einem Pfarrer überlieferten Kurerfolge denkt: »Männer so frigidi und quasi impotentes waren, haben in diesem Bad ihr Mannheit erholet … es hat auch viele Frauen curiert.«

Ein ganz besonderer Leckerbissen für Bergwanderer ist der »Rätikon-Höhenweg«, der dem Hauptkamm des Gebirgszugs von der auf liechtensteinischem Boden stehenden Pfälzer Hütte (2108 m) bis St. Antönien-Partnun (1769 m) folgt, dabei ständig in Höhenlagen zwischen 1900 und 2400 m verlaufend. Die gesamte Route – eine der schönsten in Graubünden – ist bestens markiert (10 Std.). Für eine Nächtigung unterwegs bietet sich vor allem die Schesaplana-Hütte an.

Grüsch (630 m; 700 Einw.), 7 km, dessen Name sich vom romanischen Crusch (= Kreuz) ableitet, ist der erste Ort im unteren Prättigau, ein stattliches Dorf mit einigen sehenswerten Patrizierhäusern. Im Hohen Haus, 1590 durch Hercules von Salis errichtet, planten Jörg Jenatsch und seine Gefährten den Mord an Pompejus von Planta (vgl. S. 35). Das Haus zum Rosengarten (Mitte 17. Jh.) beherbergt heute das besuchenswerte *Prättigauer Heimatmuseum.*

Walser Haus

»Hausberg« von Grüsch ist der *Sassauna* (2307 m), wie der Vilan dem Hauptkamm des Rätikons vorgelagert und mit ähnlich reizvoller Aussicht. Eine Seilbahn, die von Fanas (907 m; Zufahrt 3 km) zu den Alphütten am »Berg« (1695 m) hinaufzieht, verkürzt den Anstieg auf knapp 2 Std. (markierter Weg, Abstieg via Ochsenstein und Aldur).

Schiers (660 m; 2300 Einw.), 10 km, in dessen Umgebung Spuren bronzezeitlicher Siedler entdeckt wurden, ist der Hauptort des Vorderprättigaus. Im Pfarrgarten der spätgotischen Kirche von 1522 sind die Grundrisse zweier Vorgängerbauten des 5. und 6. Jahrhunderts mit Steinplatten markiert.

Das »Hinterland« bietet gute Wandermöglichkeiten: leichte Spaziergänge am *Stelserberg* (1664 m) mit seinem winzigen See und Hochmooren (Sträßchen Schiers – Berghaus zum See, 10 km), große Touren am Rätikon-Hauptkamm (Drusenfluh, 2827 m), dessen Kalkmauer sich auch von der Talstraße aus kurz über dem Einschnitt des Schraubachtobels zeigt (durch die senkrechten Wände führen einige der schwierigsten Kletterrouten der Schweizer Alpen).

⌂ »Alpina«; »Berghaus Mottis« (Stels).

Hinter dem Engpaß des Fuchsenwinkels, der das Vorder- vom Mittelprättigau trennt, folgt rechts die Abzweigung nach *Furna* (1351 m; 5 km), einer typischen Walser Hofsiedlung, »eine Wildnus, hat keine Dörflein, nur hin und wider zerstreute Häuser« (Sererhard, 1742). Auch in *Jenaz* (755 m; 15 km), vor allem im Oberdorf, stehen charaktervolle Prättigauer Häuser, größtenteils »Strickbauten« mit reicher Bemalung, das älteste datiert von 1566.

Fideris (897 m; 500 Einw.), abseits der Hauptstraße auf einer Hangterrasse gelegen, war einst ein beliebter Badeort (bis 1939); so ist überliefert, daß die Gäste dabei »ihre Zeit mit singen und anderer Frewd« verbrachten. Nicht nur Freude dürfte allerdings Jörg Jenatsch bei einem Besuch gehabt haben: Er entging hier 1672 nur knapp einem Mordanschlag.

Im Dorf stehen einige stattliche Häuser, teilweise noch mit romanischer Bausubstanz, manche mit phantasievollen Fassadendekorationen, wie etwa das Haus Planta von 1566. Südlich führt ein Mautsträßchen hinauf in die Fideriser Heuberge (2000 m), im Sommer ein schönes Wandergebiet, im Winter ein unter Kennern geschätztes Tourenrevier. Auf der gegenüberliegenden Talseite thront über den Felsen des Pützer Steins die Burgruine Castels (1065 m; Zufahrt von Luzein). Als Sitz des österreichischen Landvogts wurde die Feste im »Prättigauer Aufstand« eingenommen und nach dem Freikauf von den Habsburgern 1649 geschleift.

Günstiger Standort für Ausflüge im Prättigau ist

Küblis (814 m; 700 Einw.), 21 km, ein stattlicher Flecken, im Winter Endpunkt der berühmten »Parsenn-Skiabfahrt«, Ausgangspunkt der Straßen ins St.-Antönien-Tal und nach Conters (1110 m). Die farbenprächtigen Glasgemälde in der spätgotischen Kirche (1491) schuf Augusto Giacometti (1921).

⌂ »Chesa Barblan«; »Hirschen«.

Die abschnittweise noch recht schmale und steile Straße nach St. Antönien tangiert Luzein (958 m) und Pany (1249 m), zwei kleine Dörfer in hübscher Aussichtslage. In *Luzein* fallen neben der sehenswerten spätgotischen Kirche (1487) die acht stattlichen Häuser der Familie Sprecher von Bernegg auf, eine gelungene Mischung von bäuerlicher und aristokratischer Architektur.

*** St. Antönien** (1420 m; 350 Einw.), 12 km ab Küblis, ist eine typische Walser Streusiedlung ohne ausgeprägtes Zentrum. Sie breitet sich mit ihren Höfen und Weilern in einem weiten Talkessel aus, dessen markanten Abschluß die gewaltigen Kalkmauern von Sulzfluh (2817 m) und Scheienfluh (2627 m) bilden, beides berühmte Klettergipfel. Aber nicht nur extreme Kletterer, auch Wanderer finden hier ein reiches Angebot von Tourenmöglichkeiten. Als Stützpunkt dient dabei vor allem die *Carschinahütte* (2236 m) des SAC, von St. Antönien-Partnun (1640 m) aus knapp 2 Std. (»Rätikon-Höhenweg« s. S. 50).

Beliebtes Gipfelziel ist die *Sulzfluh,* einer der dankbarsten Aussichtsberge des Rätikons. Der gut markierte Normalanstieg verläuft über das Tilisunajoch (2226 m; in der Nähe auf Vorarlberger Boden die gleichnamige Hütte) und den abgeplatteten Nordostrücken (4 Std.). Berühmt – zumindest in Geologenkreisen – sind die Karsthöhlen der Sulzfluh; das in ihnen abgelagerte Fremdgestein lieferte wichtige Hinweise im Zusammenhang mit den Eiszeiten im Alpenraum.

⚠ St. Antönien-Überwasser.

Hinter Küblis überwindet die Hauptstraße in einer längeren Steigung den Höhenunterschied zu *Saas* (988 m; 900 Einw.), das sich einer reizvollen Terrassenlage über der Landquart erfreut (im Ort mehrere stattliche Prättigauer Häuser, teilweise mit Spruchbändern verziert). Bei Mezzaselva (1028 m) hat man rechts die Abzweigung zum kleinen Schwefelbad Serneus (981 m; 1,5 km).

* **Klosters** (1206 m; 2400 Einw.), 32 km. Der renommierte Luftkurort und Wintersportplatz im oberen Prättigau verdankt seinen Namen einem um 1215 gegründeten Prämonstratenserkloster, das nach der Reformation aufgelöst wurde. Die ehemalige Klosterkirche, 1493 in spätgotischem Stil neu errichtet und nach den Verheerungen des »Prättigauer Aufstands« wiederhergestellt, zeigt im Chor Glasmalereien von Augusto Giacometti (1928). Einen interessanten optischen Kontrast bietet die moderne katholische Kirche (1964). Im *Nuttlihüsli,* einem Prättigauer Haus aus dem 16. Jahrhundert, ist das besuchenswerte *Heimatmuseum* eingerichtet.

Klosters hat über die Gotschnagrat-Seilschwebebahn (Bergstation 2285 m) direkten Anschluß an das berühmte Parsenn-Skigebiet. Die Madrisa-Gondelbahn (1887 m) erschließt im Sommer ein schönes Wandergebiet. Markierte Wege führen u. a. über das Rätschenjoch (2602 m) nach St. Antönien (5 Std.). Vor allem der beliebte Höhenweg zum Schlappiner Joch (2202 m, 2 Std.), einem seit alters her benutzten Übergang ins Montafon, bietet prächtige Aussicht auf die *Silvretta* (Großes Seehorn, 3124 m; Groß Litzner, 3109 m).

❶ Kur- und Verkehrsverein, CH-7250 Klosters; Tel. 0 81/69 18 77; Fax 0 81/69 49 06.
L »Pardenn«.
»Alpina«; »Steinbock«.
»Büel«; »Bündnerhof«.
⚠ »Soldanella«.

9

Am Ortsende von Klosters beginnt unvermittelt die Steigung via Laret (1507 m) zum

Wolfgangpaß (1631 m), 40 km, Wasserscheide zwischen Landquart und Landwasser. Jenseits der bewaldeten Höhe liegt der freundliche, 0,6 km² große *Davoser See* (1559 m), dahinter breitet sich ein weites Hochtal aus.

Davos (1558 m; 10 000 Einw.), 43 km, besteht aus den – längst zusammengewachsenen – Ortsteilen Dorf und Platz; die politische Gemeinde (13 000 Einw.) umfaßt auch noch die Fraktionen Frauenkirch, Monstein und Glaris. Um 1289 von Walsern besiedelt, erlebte »Davaas« nach der Entdeckung seines heilkräftigen Klimas durch den deutschen Arzt Dr. Alexander Spengler (1827–1901) einen beispiellosen Aufstieg: 1860 wurden die ersten Sommergäste verzeichnet, 1890 erhielt Davos Bahnanschluß, 1898 fand hier das erste sportliche Großereignis statt (Weltmeisterschaften im Eisschnelllauf). Um die Jahrhundertwende als »Mekka für Schwindsüchtige« (Werbeslogan) angepriesen, nannte sich Davos bereits 1932 »Sonnenstadt im Hochgebirge«, und heute ist der weltberühmte Kurort (mehrere Sanatorien) die größte Fremdenmetropole der Schweiz mit über 100 Hotels, 55 Bergbahnen und Liften (Beförderungskapazität rund 55 000 Personen pro Stunde), 320 km präparierten Skipisten und einem städtischen Ambiente: Flachdachsilhouette im Hochgebirge und im Stadtzentrum eine Luft, die nach den letzten Messungen (1986) leider nicht viel besser sein soll als in Zürich ...

Als hervorragende Beispiele moderner Architektur dürfen die gelungene Konstruktion der *Eissporthalle* (1979) und das *Kongreßzentrum* (1969) gelten; in letzterem findet alljährlich das – inzwischen berühmete – Davoser Management-Symposium mit hochkarätiger Beteiligung aus Wirtschaft und Politik statt. Dem Davos vergangener Tage ist das *Heimatmuseum* im alten Pfrundhaus (17. Jh.) gewidmet (◷ Mi und So 16–18 Uhr); die prunkvolle »Große Stube« im Rathaus (1564) erinnert daran, daß hier 1436 der »Zehngerichtebund« beschworen wurde. Kunstfreunde werden einen Besuch des neuen *Kirchner-Museums* (über 400 Gemälde) nicht versäumen (◷ täglich außer Mo 14–18 Uhr); der berühmte Expressionist Ernst Ludwig Kirchner (1880–1938) lebte und arbeitete 15 Jahre in Davos-Frauenkirch, wo sich auch sein Grab befindet. Über den einst blühenden Bergbau im Landwassertal (34 Gruben am Silberberg) informiert das *Bündner Bergbaumuseum* im Schmelzboden (an der Straße nach Tiefencastel; 10 km von Davos; ◷ Mitte Juni bis Mitte Oktober Mi und Sa 14–16 Uhr, jeweils Mi 13.45 Uhr Besuch des Schaubergwerks Silberberg).

🛈 Kur- und Verkehrsverein, Promenade 67, CH-7270 Davos-Platz; Tel. 0 81/43 51 35; Fax 0 81/43 68 69.

Standseilbahn Weissfluhjoch und Schatzalp; Seilschwebebahnen Weissfluh (2844 m), Jakobshorn (2590 m) und Pischa (2483 m); Gondelbahn Rinerhorn (2054 m). – Sommerrodelbahn.
L »Steigenberger Belvédère«.
»Morosani Posthotel«; »Sonnenberg«.
»Larix«; »Belmont« (garni).
»Höhwald« (Davos-Wolfgang).
»Färich« (Davos-Dorf).

»Hausberg« von Davos ist das *Weissfluhjoch* (2693 m), durch die 1932 eröffnete Standseilbahn erschlossen, im Winter Ausgangspunkt der legendären Parsenn-Skiabfahrt. Das ganz große Gebirgspanorama bietet der nahe Weissfluhgipfel (2844 m; Luftseilbahn, zu Fuß 40 Min.); ein viel begangener Weg (»Felsenweg«) führt südlich zum *Strelapaß* (2350 m; 1 Std.), den man per Standseilbahn (Schatzalp, 1861 m; *Alpengarten)* und Gondellift auch von Davos aus erreicht. Beliebte Ausflugsziele mit fast unerschöpflichen Wander- und Tourenmöglichkeiten sind die östlichen Seitentäler von *Sertig* (Sertig-Dörfli, 1861 m; 11 km), *Dischma* (Dürrboden, 2007 m; 13 km) und *Flüela*. Ging früher der Verkehr ins Engadin hauptsächlich über den Scalettapaß (2606 m; vgl. S. 59), so änderte sich dies 1868 mit der Eröffnung der Straße über den

Flüelapaß (2383 m), 57 km, schlagartig. Heute ist die Strecke eine frequentierte Zufahrt ins Ferienparadies am Oberlauf des Inn. Zwei kleine Seen beleben die öde, von gewaltigen Schuttreißen geprägte Scheitelregion. Genau südlich über dem Paß steht das *Schwarzhorn* (3146 m), eine mächtige Felspyramide und berühmter Aussichtsberg (Fußweg, 3 Std.).

Susch (70 km), siehe Route 12.

Route 10

* St. Moritz – * Malojapaß – ** Bergell – Chiavenna (49 km)

Karte s. S. 44/45.

Bünden: Land der Gegensätze. Nirgends zeigt sich das deutlicher, ausgeprägter und schöner, als auf der Fahrt vom Engadin hinab ins ***Bergell:* hier die Weite der Seenplatte, dort ein tief eingeschnittenes Engtal, am Oberlauf des Inn leuchtende Lärchenwälder, an der unteren Mera Kastanienbäume; Felsen hier wie da, doch die Perspektive ist eine ganz andere. Die fast in den Himmel ragenden Granitfelsen um den Piz Badile haben im Oberengadin kein Gegenstück!

Aber nicht nur geographisch, auch kulturell ist das Bergell ein »Sonderfall« in Graubünden: Neben den Waldensern (Piemont) sind die Bergeller die einzige reformierte Volksgruppe italienischer Zunge. Zwischen Religionszugehörigkeit und Sprache besteht sogar ein kausaler Zusammenhang, denn erst mit der Reformation verdrängte das Lombardische nach und nach den ursprünglich hier beheimateten rätoromanischen Dialekt.

Heimat ist das Bergell auch für eine bedeutende Künstlerfamilie: die *Giacometti* – Giovanni, sein Vetter Augusto und sein Sohn Alberto –, Maler und Plastiker *Alberto Giacometti* (1901–1966) kam zu Weltruhm, vor allem in seinen Skulpturen fand er zu einem unverwechselbaren Stil.

Die knapp 20 km lange Strecke von St. Moritz (siehe Route 7) bis zum Malojapaß ist ein einziges Fest für die Augen, eine »Schauroute«, die in der Schweiz ihresgleichen sucht. Seen und Berge bilden ein harmonisches Ganzes, ein vollendetes Ensemble, vielfach gepriesen, millionenfach auf Zelluloid gebannt (vgl. Route 7). Kein Wunder, daß ein Künstler wie Giovanni Segantini von diesem Licht, den Farben magisch angezogen wurde. Auch ein großer Philosoph des 19. Jahrhunderts erlag dem Zauber dieser Landschaft: *Friedrich Nietzsche* (1844–1900), der mehrere Sommer in

****Sils im Engadin** (1809 m; 500 Einw.), 10 km, verbrachte; hier fand er den Schlüssel zu seinem »Zarathustra«. Eine Gedenktafel auf der Silser-See-Halbinsel **Chastè* (prächtiger Spaziergang, 1 Std.) erinnert an den großen Denker; das *Haus Durisch,* in dem er wohnte, ist als kleines Museum zugänglich (🕓 Sommer Di–So 11–12 und 16–18 Uhr, Winter Di–So 15–18 Uhr).

Baselgia (= basilica) und Maria (= maioria, Meierei), die beiden Fraktionen des renommierten Kur- und Ferienortes, liegen auf der weiten Ebene zwischen Silvaplaner See und *Silser See* (1797 m). Sils Baselgia besitzt eine im Kern mittelalterliche Kirche.

Sils hat natürlich eine ganze Palette von Wander- und Ausflugszielen anzubieten; im Winter erschließt die Seilschwebebahn Furtschellas (2311 m) ein schönes Skigebiet an der Westflanke des Piz Corvatsch. Sehr lohnend sind Abstecher in die beiden Südtäler: über den Weiler Isola ins ** Val Fedoz* (Steinbockkolonie am Piz Fedoz), von Sils Maria ins ****** *Val Fex,* dessen romanisches Kirchlein (1951 m; ½ Std.) – ein beliebtes Fotosujet – in der Apsis gute Fresken des ausgehenden 15. Jahrhunderts bewahrt. Erfahrene Bergsteiger nehmen sich den Piz de la Margna (3158 m), den markanten »Wächter« über dem Malojapaß, zum Ziel (etwa 4 ½ Std. von Isola); ideal für Familien ist die Wanderung rund um den Silser See (4 Std.).

⌂⌂⌂L »Waldhaus«.
⌂⌂ »Margna«; »Maria«. – ⌂ »Privata«.

*** Maloja/Passo del Maloja** (1815 m), 17 km: ein Paß, der eigentlich keiner ist, ein Ort mit recht kurioser Historie. Maloja, im Mittelalter eine nur während des Sommers von Bergeller Bauern bewohnte Alpsiedlung, wurde um 1870 von dem belgischen Grafen Camille de Renesse »entdeckt«. Er wollte hier einen Nobelkurort für Adelige und Betuchte errichten, machte dann aber Konkurs. Geblieben sind von den hochfliegenden Plänen das gigantische Hotel Palace, 1882–1884 im Stil der italienischen Renaissance erbaut (heute Erholungsheim), und der Turm des Schlosses Belvedere (in der Nähe sehenswerte Gletschermühlen; schöner Arven- und Bergkiefernbestand). Auf dem Friedhof von Maloja befindet sich das Grab von *Giovanni Segantini* (s. S. 10), der hier seine letzten Lebensjahre verbrachte; sein Atelier kann besichtigt werden.

⌂⌂ »Schweizerhaus + Pöstli«.
⛺ Maloja. – ⛺ »Plan Curtinac«.

Am Maloja öffnet sich von Süden das prächtige ** Val Forno* mit seinem stattlichen Gletscher und einem Kranz hoher Gipfel. Ein hübscher Spaziergang führt taleinwärts zum stimmungsvollen *Lägh da Cavloc* (1907 m; 1 Std.). Tourenstützpunkt ist die Fornohütte (2574 m; 3 ¼ Std.), auf der man aber nicht nur Alpinisten, sondern ab und zu auch einen »Strahler« (Mineralsucher) antrifft, gilt das Fornotal doch als recht mineralienreich (sogar Gold kann man finden, allerdings nur in Spuren im Mineral Cosalit ...).

Im gesamten Alpenraum wohl einmalig ist die dreifache Wasserscheide des *Pass Lunghin* (2645 m): Nach Norden fließt das Wasser über die Julia in den Rhein, nach Osten über den Inn in die Donau, nach Süden über die Mera in den Po. Einmalig ist aber auch die Aussicht, die man vom wenig höheren *Piz Lunghin* (2780 m; 2 ¾ Std.) auf die so gegensätzlichen Gebirgslandschaften des Oberengadins und des Bergells hat. Topographie, Siedlungsstrukturen und Verkehrswege liegen wie auf einer Landkarte vor einem: das langgestreckte Hochplateau mit seinen Toteismulden (den Seen), der übergangslose Abfall ins Bergell. Deutlich auszumachen sind auch die kühn trassierten Serpentinen der Paßstraße, hinab in den obersten Talboden. Bei *Casaccia* (1458 m), das genau am Südfuß des Piz Lunghin liegt, mündet dann der bereits von den Römern ausgebaute Septimerweg (vgl. S. 46); kurz zuvor liegt rechts oberhalb der Straße die Ruine der Wallfahrtskirche San Gaudenzio (1518).

Fast zwei Jahrtausende jünger als die Septimerroute ist ein anderer Pfad, der in Casaccia seinen Ausgangspunkt hat: der »Bergeller Höhenweg«, eine prächtige Aussichtspromenade an der rechten, nördlichen Talflanke; bis Soglio etwa 5 Std., durchgehend markiert.

Auf der Weiterfahrt kommt die imposante Staumauer des Lago d'Albigna (2163 m) hoch am südlichen Talhang ins Sichtfeld. Mit der ehemaligen Werksbahn schwebt man von Pranzaira in wenigen Minuten hinauf zur Dammkrone, wo sich ein Prachtblick auf die Gipfelumrahmung des Val d'Albigna auftut (Albignahütte, 2331 m; ½ Std.).

Vicosoprano (1067 m; 400 Einw.), 29 km, ist der alte Hauptort der Talschaft, ein stattlicher Flecken mit schönen Bürgerhäusern, teilweise sgraffitogeschmückt. Am Rathaus von 1583 ist ein Prangerstein samt Halseisen zu sehen. Geständig gemacht wurden die Delinquenten in der Folterkammer des *Hexenturms*... (◷ Mai bis Oktober 9–18 Uhr). – Die Kirche San Cassiano am rechten Ufer der Mera geht im Kern auf die Zeit um 1100 zurück.

⌂ »Krone«; »Pranzaira«.

Hinter Borgonovo (1043 m) führt die Bergeller Straße unmittelbar an der Barockkirche *San Giorgio* (1694) vorbei (auf dem Friedhof die Gräber von Giovanni, Augusto und Alberto Giacometti).

In

Stampa (994 m; 400 Einw.), 32 km, empfiehlt sich eine Fahrtunterbrechung zum Besuch der * Ciäsa Granda, des »Großen Hauses«. Der stolze viergeschossige Bau von 1581 beherbergt das *Bergeller Talmuseum* mit einer Mineraliensammlung, natur- und volkskundlichen Exponaten, einem Zuckerbäckermuseum, Dokumenten zur Geschichte des Bergell und einigen Arbeiten der aus Stampa gebürtigen Giacometti (◷ 1. Juni bis Mitte Oktober täglich 14–17 Uhr). – Am Ortsausgang ist rechts zwischen Straße und Mera ein eigenartiges römisches * *Wannengrab,* wohl für einen hochgestellten Beamten, zu sehen. Wenig weiter dann die Überraschung, »1001 Nacht« mitten im Gebirge: der *Palazzo Castelmur,* ein zinnengekrönter Backsteinbau nach italienisch-maurischem Vorbild, von Baron Giovanni de Castelmur Mitte des 19. Jahrhunderts errichtet, mit überaus sehenswerter Inneneinrichtung im Stil des Rokoko und des Biedermeier (◷ Mitte Juni bis Mitte Juli und Mitte Sept. bis Mitte Okt. täglich 14–17 Uhr, Mitte Juli bis Mitte Sept. 9.30–11 Uhr).

Unmittelbar vor

Promontogno (821 m; 120 Einw.), 35 km, schiebt sich ein Felsriegel bis an die Mera heran: die »Porta«, Grenze zwischen dem oberen und unteren Bergell. Teile der ehemaligen Sperre sind noch erhalten; Burgruine Castelmur und Kirche *Nossa Donna* bilden zusammen eine malerische Baugruppe. Das Gotteshaus, 988 urkundlich erwähnt, nach der Reformation in Verfall, im 19. Jahrhundert aber erneuert, gilt als Mutterkirche der ganzen Talschaft.

Promontogno ist ein Ortsteil von

Bondo (823 m; 200 Einw.), das abseits der Hauptstraße am Eingang ins * Val Bondasca liegt und durch sein intaktes Ortsbild auffällt. Die Kirche San Martino besitzt vorzügliche * Frührenaissance-Malereien eines unbekannten italienischen Meisters; am Dorfrand steht der * Palazzo Salis, ein Herrschaftssitz im italienischen Landhausstil (1765–1774). Die Aufmerksamkeit der meisten Besucher gilt aber weniger den alten Gemäuern im Ort, sondern den noch viel älteren Granitzacken der Bergeller Berge, die in Klettererkreisen Weltruf genießen. Die Erstbegehung der Piz-Badile-Nordkante (3308 m) im Jahr 1923 war ein Meilenstein in der Entwicklung des Alpinismus. Den schönsten Blick auf die wildzerklüftete Felsenmauer hat man von

* **Soglio** (1097 m; 220 Einw.), das mit der Talstraße durch eine 3 km lange Zufahrt verbunden ist (prächtiger Kastanienhain ob Spino). »Die Schwelle zum Paradies«, nannte es Segantini, entzückt von dem Bild, das sich ihm darbot: das eng gebaute Dorf mit seinen stattlichen Palazzi (16.–18. Jh.), steinplattengedeckt, und dem schlanken Finger des Kirchturms, umrahmt vom Grün der Wiesen; tief im Tal die Mera, darüber bewaldete Steilhänge und, sich vom Blau des Himmels abhebend, das Zackenprofil der Gipfel – Harmonie von Natur und Menschenwerk.

⌂⌂ »Palazzo Salis«.

Castasegna (690 m; 230 Einw.), 39 km, ist der Grenzort zu Italien.

Chiavenna (333 m), 49 km.

Soglio

* St. Moritz – ** Berninapaß – Tirano (54 km)

Karte s. S. 44/45.

»Vom Gletschereis zu den Weinbergen«. So könnte man die Fahrt über den Berninapaß, aus dem inneralpinen Hochtal des ** Oberengadins hinab ins * Puschlav und zur Pforte des Veltlins, umschreiben. Und die beiden Stichworte – Berge und Wein – lassen sich sogar leicht auf einen Nenner bringen, schmeckt doch gerade der »Veltliner« (was jeder Bündner weiß) am besten in der würzig-frischen Gebirgsluft; am Abend in einer Hütte etwa, mit Blick auf die Eisgiganten des Berninamassivs: Piz Palü, Bellavista, Piz Zupo, Piz Bernina. Sollte anderntags allerdings eine Gipfeltour auf dem Programm stehen, empfiehlt sich Zurückhaltung beim Genuß des kräftigen Rotweins ...

Fast 2000 m Höhenunterschied weist das * *Puschlav* (Val di Poschiavo), das dritte italienischsprachige Südtal Graubündens, von der Mündung bis hinauf in die Eis- und Felsregion um den Berninapaß auf, eine facettenreiche Landschaft. Sie auf einer raschen Autofahrt kennenzulernen, ist kaum möglich. Genießer nehmen deshalb gleich den »Bernina-Express«, die steilste Adhäsionsbahn der Welt (70 Promille). Da der Zug (glücklicherweise) seinem Namen wenig Ehre macht, bleibt viel Zeit, zu schauen und die herrlichen Bilder in sich aufzunehmen: auf der Scheitelstrecke – übrigens der höchsten Eisenbahnstrecke der Alpen – und während der Fahrt von der Alp Grüm (2091 m; Alpengarten) hinab nach Poschiavo.

Wer das ** Oberengadin in seiner ganzen Ausdehnung, vom Malojapaß bis Zuoz, vom Piz Bernina bis zum Piz Kesch, überschauen will, darf die Fahrt mit der altehrwürdigen, 1907 eröffneten Standseilbahn von Punt Muragl (1736 m; 3 km ab St. Moritz) hinauf nach

***Muottas Muragl** (2453 m) nicht versäumen: Im Südwesten liegt, weit ausgebreitet, die Seenplatte, über dem Berninatal steht das berühmte Dreigestirn Bernina-Bellavista-Palü, talauswärts geht der Blick, dem Lauf des Inn folgend, bis zum markanten Gratrücken des Piz Kesch (3418 m). Sehr beliebt ist die »Drei-Sterne-Wanderung« von Muottas Muragl zur *Alp Languard* (2262 m; 1 ½ Std.), mit Abstieg (auch Sessellift) nach

*** Pontresina** (1805 m; 1600 Einw.), 6 km. Der Kur- und Ferienort erfreut sich einer herrlichen Lage gegenüber der Mündung des Val Roseg. Im Ortsbild dominieren mehrere Hotelbauten aus der Frühzeit des Fremdenverkehrs; vorzüglich erhalten mit teilweise noch originalen Interieurs aus der Bauzeit ist der »Kronenhof« (1850). In einem alten Engadiner Haus an der Via Maistra ist das *Museum Alpin* untergebracht. Über dem Dorf erhebt sich der Tuor Spaniola (12. Jh.), ein fünfeckiger Wohnturm, einst Sitz der Herren von »Ponte Sarazena«. Ganz in der Nähe steht die Begräbniskirche Sta. Maria, erst 1450 erwähnt, aber mit Sicherheit älter; sie bewahrt bedeutende * Fresken aus zwei Epochen: eine romanische Schicht (um 1200) sowie spätgotische Malereien, die dem gleichen (unbekannten) italienischen Meister zugeschrieben werden wie jene von San Gian (s. S. 58). Vom Friedhof hat man einen Prachtblick in das südlich ansteigende * *Val Roseg*. Die 1 ½ stündige Talwanderung (auch Kutschen-, im Winter Schlittenfahrt) gehört zu den beliebtesten Ausflügen in der Umgebung von Pontresina. Wer vom Restaurant »Roseg« (1999 m) noch den Aufstieg zur Fuorcla Surlej (2755 m; 2 Std.) unternimmt, wird mit einer grandiosen Schau auf Gipfel- und Gletscherumrahmung des innersten Rosegtals belohnt.

⌂⌂⌂L »Kronenhof«.
⌂⌂ »Walther«; »Bernina«.
⌂ »Berninahaus«.
⛺ »Tolais«. – ⛺ »Plauns« (Morteratsch).

An der Paßstraße bietet sich wenige Kilometer hinter Pontresina oberhalb der »Montebello-Kehren« – welch treffende Bezeichnung! – ein faszinierender Blick auf den gewaltigen Eisstrom des Morteratsch-Gletschers, über dem majestätisch der einzige Viertausender der Ostalpen, der *Piz Bernina* (4049 m), steht (Fußweg zur Boval-Hütte, 2495 m; 2 Std.). Wer der glitzernden Eiswelt noch näher sein möchte, fährt mit der Seilschwebebahn hinauf zur

** **Diavolezza** (2973 m), wo man eine überwältigende Aussicht auf die Berninagruppe (Palü, Bellavista, Bernina) genießt. Die Rundumschau bietet der nahe Munt Pers (3207 m; 1 ¼ Std.); unscheinbares Gegenüber im Osten – jenseits des Berninatals – ist der *Piz Lagalb* (2959 m), ebenfalls ein bekannter Skiberg (Seilschwebebahn).

Auf der durch mehrere Seen belebten Scheitelregion des Bernina trennen sich Straße und Bahn. Während die Berninabahn am Ostufer des fast 3 km langen (aufgestauten) Lago Bianco (2234 m) entlangzieht und dann über Alp Grüm (2091 m) nach Poschiavo hinabführt, steigt die Straße nochmals kurz an zum

** **Berninapaß** (2328 m), 21 km. Von der Scheitelhöhe hat man einen Prachtblick auf den Piz Cambrena (3604 m) und seinen Gletscher; am östlichen Horizont reihen sich die »namenlosen« Gipfelzacken der Puschlaver Berge aneinander. Knapp danach zweigt links ein Sträßchen zur Forcola di Livigno (2315 m) und nach *Livigno* ab (vgl. S. 62). Unterhalb von La Rösa (1871 m) mit seinen Stallungen für den einstigen Pferdewechsel mündet das malerische **Val da Campo* (Wanderung von Sfazu zum Lagh da Saoseo und zum höhergelegenen Lagh da Val Viola, 2 Std.). Bei *San Carlo* (1093 m; 37 km) werden Kunstfreunde einen Zwischenhalt einlegen, um die Pfarrkirche zu besichtigen; sie bewahrt in der sechseckigen barocken Passionskapelle vorzügliche * Wand- und Deckengemälde (um 1650).

***Poschiavo** (1014 m; 3300 Einw.), 39 km, Hauptort des gleichnamigen Tales, ist ein stattlicher, bereits stark italienisch geprägter Flecken. Den Mittelpunkt bildet die *Piazza Comunale* mit ihren steinplattengedeckten Häusern (im Sommer 1987, nach den verheerenden Unwettern im Veltlin und Puschlav, lag der Schlamm hier meterhoch). Die Nordostecke markiert der Rathausturm, im Kern noch romanisch, schräg gegenüber steht das Hotel Albrici (1682), an der Südostseite erhebt sich die Stiftskirche San Vittore (1503), ein bemerkenswerter spätgotischer Bau, flankiert von seinem schönen romanischen Turm. In der Casa Mengotti (17./18. Jh.), am rechten Ufer des Poschiavino, sind das *Talmuseum* und eine Handweberei untergebracht. Fremdländische Akzente setzt das sogenannte »Spaniolenviertel« am Südrand von Poschiavo; die farbenfrohen Häuser mit unverkennbar maurischem Einschlag wurden um 1830 von zurückgekehrten Spanien-Emigranten errichtet. Außerhalb des Ortes liegt die **Chiesa Sta. Maria Assunta* (1711), der schönste Barockbau des Puschlavs, mit festlichem Innenraum.
⌂ »Suisse«. – ⛺ »Boomerang«.

Daß die weitere Umgebung von Poschiavo beste Wandermöglichkeiten bietet, verrät schon ein kurzer Blick auf die Landkarte. Beliebtes Ausflugsziel ist die *Alpe Selva* (1458 m; 5 km), auch »per pedes« erreichbar (lohnende Runde über das Val d'Ursè, 5 Std. ab Poschiavo).

Crotti

Hier entdeckt man jene für das Puschlav typischen Milchkeller, »Crotti« genannt und oft mit den apulischen »Trulli« verglichen: Rundbauten, deren konisch aufgeschichtetes Mauerwerk ein falsches Gewölbe bildet. Daß sie, wie gelegentlich behauptet, auf prähistorische Wohnbauten zurückgehen, ist eher unwahrscheinlich. »Crotti« gibt es auch drüben auf der östlichen Talflanke, in der Umgebung vom Kirchlein **San Romerio* (1794), dem schönsten, stimmungsvollsten Aussichtspunkt weitum (prächtige Wanderung, 3 ½ Std. von Poschiavo). Das mittelalterliche Kirchlein thront auf einer jäh abfallenden Felsterrasse hoch über dem **Lago di Poschiavo* (962 m). An seinem oberen Ende liegt

Le Prese (966 m), 43 km, ein beliebter Ferienort.

⌂⌂ »Le Prese«; »La Romantica«.
⛺ »Sertori«.

Von Miralago geht es über eine letzte Talstufe hinab nach *Brusio* (749 m; sehenswerter Spiralviadukt der Berninabahn) und zum Grenzort *Campocologno* (553 m), in dessen Nähe Tabak angebaut wird.

Tirano (436 m), 54 km.

Route 12

* St. Moritz – * Zuoz – Zernez – * Scuol – Samnaun (96 km)

Karte s. S. 44/45.

Das ** *Engadin* ist die Hauptregion des Bündner Tourismus, weltberühmt, seit über einem Jahrhundert »Terra Magica« für Erholungssuchende. Hier finden sie all das, was den Reiz eines Aufenthalts im Hochgebirge ausmacht: die große Kulisse mit ihren Seen, Gletschern und Gipfeln, eine Infrastruktur, die kaum Wünsche offenläßt, und – sehr wichtig – ein durch die inneralpine Lage bedingtes sonniges, niederschlagsarmes Klima. Das

** **Oberengadin,** ein durch Gletschereinwirkung modelliertes weites Trogtal, erstreckt sich bei minimalem Gefälle vom Majolapaß (1815 m; vgl. Route 10) bis zur Punt Ota, der »Oberen Brücke« (1628 m) zwischen Cinuos-chel und Brail. Diese ist auch Sprachgrenze zwischen den beiden rätoromanischen Dialekten des Engadins, dem Ladin Putèr und dem Ladin Valladèr, das im

* **Unterengadin** gesprochen wird. Ganz anders der Landschaftscharakter hier: schmal, fast schluchtartig eng die Talsohle, steile, überwiegend bewaldete Flanken, auf deren sonnseitigen Terrassen die meisten Siedlungen liegen.

Obwohl durch den Tourismus starken Fremdeinflüssen ausgesetzt, hat sich auch im Engadin manch altes, echtes Brauchtum erhalten, nicht zu verwechseln mit jenen »Lederhosen-Jodler-Veranstaltungen«, wie man sie leider im Alpenraum mancherorts antrifft. Bekannt ist die »Engadiner Schlitteda« (an einem Sonntag im Januar), bei der die unverheirateten jungen Leute jeweils paarweise in ihrer farbenfrohen Tracht unter Musikbegleitung von Dorf zu Dorf fahren. Und am 1. März wird mit Schellengeläut und Peitschenknallen symbolisch der Winter verjagt: »Chalanda Marz«!

Celerina/Schlarigna (1724 m; 1000 Einw.), 3 km nordöstlich von * St. Moritz (s. Route 7) am Rand der weiten Innebene gelegen, gehört touristisch noch zum Umfeld der großen Fremdenmetropole, mit deren Skirevier es durch eine Gondelbahn (Val Saluver) direkt verbunden ist. Im alten Dorfkern stehen einige stattliche Engadiner Häuser; das Wahrzeichen von Celerina, die * Kirche *San Gian,* thront mitten in der Champagna, zwischen Inn und Flaz, auf einem kleinen Hügel, Blickfang für alle, die im Dreieck St. Moritz – Samedan – Pontresina unterwegs sind. Der große Turm verdankt sein unverwechselbares »Profil« einem Blitzschlag (1692); das Gotteshaus stammt aus dem 11./12. Jahrhundert, wurde in spätgotischer Zeit vergrößert und im ausgehenden 15. Jahrhundert von einem italienischen Meister ausgemalt (Fresken stark restauriert; dekorative Flachdecke von 1478).

»Cresta-Palace«; »Posthaus«.

* **Samedan** (1721 m; 2500 Einw.), 5 km, der Hauptort des Oberengadins, ist ein stattlicher Flecken mit auffallend vielen schönen Engadiner Häusern. Nicht wenige von ihnen wurden von Rückwanderern errichtet, die in der Ferne als Zuckerbäcker, Händler oder Hoteliers ihr Glück gemacht hatten. In der Chesa Planta (16./18. Jh.) ist die »Fundaziun Planta«, ein rätoromanisches Kulturzentrum mit großer Bibliothek, untergebracht. Am »Plaz« steht die reformierte Kirche (1682), die mit ihrem trapezförmigen Grundriß, der feingegliederten Fassade und dem schlanken Campanile (1771) in Graubünden nicht ihresgleichen hat. Über dem Dorf, in schöner Aussichtslage, erhebt sich die spätgotische Kirche St. Peter (1492).

»Bernina«; «Donatz« (garni).
»Terminus«.
»Punt Muragl«.

Innabwärts reihen sich die Dörfer fast wie »Perlen auf einer Schnur« aneinander. In *Bever* (1708 m; hübsche Brunnenplätze) mündet die Albula-Bahnlinie, in *La Punt* (1687 m; 12 km), das zusammen mit Chamues-ch eine politische Gemeinde bildet, die ** Albula-Paßstraße (s. Route 8). Im Ort fällt neben der schmucken Barockkirche von 1680 vor allem die Casa Mereda (1642) mit ihren zinnengekrönten Giebeln auf. – Madulain (1684 m) wird von den Ruinen der Burg Guardaval (13. Jh.) überragt; von der felsigen Kuppe schaut (guarda) sie weit ins Tal (val).

***Zuoz** (1716 m; 1200 Einw.), 16 km: der historische Hauptort des Oberengadins, bereits

813 erwähnt, heute fast so etwas wie ein »Freilichtmuseum«, aber lebendig, bewohnt. Vier Jahrhunderte Engadiner Baukultur, einzigartig als Ganzes, faszinierend in den vielen für das Engadiner Haus typischen Merkmalen, die aber – ganz bündnerisch! – stets individuell variiert sind: im Grundriß, der Fensteranordnung, ihren Rahmungen, den schmiedeeisernen Gittern, den geschnitzten Türen und natürlich in den Sgraffiti, jener aus Italien stammenden Technik der Fassadenverzierung (s. S. 10).

Gewissermaßen einen Extrakt des Zuozer Ortsbildes liefert der weiträumige, brunnengeschmückte **Dorfplatz*, auf dem bis ins 19. Jahrhundert die »Mastralia«, die »Landsgemeinde« des Oberengadins, stattfand. An der Südostecke erhebt sich die spätgotische Kirche (1507; Glasgemälde von Augusto Giacometti), die Ostseite wird von den beiden zusammengebauten Häusern der Familie Planta (16.–18. Jh.) beherrscht, gegenüber das wappengeschmückte Gasthaus »Crusch Alva« (1570; im 18. Jh. umgestaltet). In einige Häuser sind Reste mittelalterlicher Wohntürme einbezogen, beispielsweise im Haus Poult am Plazzet.

»Bellaval«; »Crusch Alva«.
»Chesa Albanas«.
»Polenta« (Zuoz-Madulain).

Hinter *S-chanf* (1662 m), einem langgestreckten Straßendorf (Kirche von 1493), beginnt sich das Tal allmählich zu verengen, das Gefälle des Inn nimmt zu. Bei der Kirchenruine von Chapella (1660 m) mündet links das Val Susauna, durch das ein früher vielbenützter Saumpfad zum Scalettapaß (2606 m) und ins Landwassertal führt. Nach *Cinuos-chel* (1613 m), an der Punt Ota, überquert man die historische Grenze zum Unterengadin.

In einer freundlichen Talweitung, an der Mündung des Spöl in den Inn, liegt

Zernez (1473 m; 900 Einw.), 32 km, flächenmäßig nach Davos die größte Gemeinde des Kantons (204 km²). In den ausgedehnten Waldungen wurde früher das Holz für die Schmelzöfen bei »Il Fuorn« (Ofenpaß) geschlagen; Zernez deckte auch einen Teil des Holzbedarfs der tirolerischen Saline Hall (Flößerei auf dem Inn). 1872 zerstörte ein Großbrand zwei Drittel des Dorfes, woraus sich das einheitliche, italienisch anmutende Ortsbild (zahlreiche biedermeierliche Häuser mit flachen Dächern) erklärt. Verschont von der Katastrophe blieb die hochgelegene reformierte Kirche mit ihrem auffallend hohen Spitzturm (1609; im Innern reicher Frühbarock). Die neben dem Gotteshaus stehende Kapelle St. Sebastian besitzt spätgotische Fresken, vermutlich von einem Tiroler Meister.

An der Ofenpaßstraße (s. Route 13) liegt rechts *Schloß Wildenberg,* im Kern wohl auf das 12. Jahrhundert zurückgehend, nach der Zerstörung 1618 wiederhergestellt und ausgebaut. Es diente der Patrizierfamilie Planta über 400 Jahre als Stammsitz. Eine Tafel erinnert an den 29. Januar 1367; damals wurde hier der *Gotteshausbund,* der älteste der »Drei Bünde« (s. S. 7) gegründet.

Nationalpark-Museum: siehe Route 13, S. 62.

»Bär-Post«; »Kreuz«.
»Cul«.

Bei

Susch (1426 m; 220 Einw.), 38 km, das gleich mehrere verheerende Dorfbrände erlebte (den letzten 1925), mündet die *Flüela-Paßstraße* (s. Route 9). Auf dem Hügel Chaschinas (1559 m), jenseits des Inn, liegen die Reste einer von Herzog Rohan 1635 angelegten Festung (bronzezeitliche Fundstelle). Im Ortsbild fallen der romanische Turm der reformierten Kirche (1515) und die barocke Zwiebelhaube des Planta-Wohnturms auf; noch weit höher in den Himmel ragt der *Piz Linard* (3411 m), höchster, aber nicht bekanntester Gipfel der Silvretta. Am Südfuß des Bergriesen (4 Std. ab Linardhütte, 2327 m; nur mit Führer) liegt

Lavin (1412 m; 180 Einw.), 41 km, dessen Kirche vorzügliche * Chorfresken aufweist, geschaffen um 1500 von einem oberitalienischen Künstler. – Wenig weiter, bei der Häusergruppe Giarsun (1404 m; oberhalb ein mächtiger prähistorischer Steinwall), erreicht man links die Abzweigung nach

****Guarda (1635 m; 140 Einw.), das auf einer sonnigen Höhenterrasse liegt (2,5 km) und als »Schmuckkästchen des Engadins« gepriesen wird: Die behäbigen Häuser, gepflasterten Gassen und schönen alten Brunnen bilden denn auch ein besonders stilvolles Ensemble vor der imposanten Kulisse der »Unterengadiner Dolomiten«.**

Das *Engadiner Haus,* mit seinen tiefsitzenden Fenstern und der reichen Fassadendekoration eigenständig-unverwechselbar, zeigt innen ein klares Raummuster. Hinter dem großen Rundbogentor liegt der Sulèr, einerseits Durchfahrt zur

Tenne (Talvà), andererseits Vorraum des Wohnhauses mit Zugängen zur – meist getäfelten – Stube (Stüva), zu Küche (Chadafö) und Vorratskammer (Chamineda) sowie den darüberliegenden Schlafzimmern (Chambra). Das Äußere wird oft zusätzlich durch schmucke Erker belebt (Balcun tort); sehr selten geworden sind dagegen die teilweise aus der Außenmauer hervorragenden Backöfen.

»Meisser«; »Piz Buin«.

Bei Guarda öffnet sich von Norden das **Val Tuoi,* markant abgeschlossen vom *Piz Buin* (3312 m), dem wohl bekanntesten (und meistbesuchten) Dreitausender der Silvretta. Ein guter Weg führt talein zur Chamanna Tuoi (2250 m; 3 Std.) des SAC. Der Normalanstieg zum Buin verläuft über die Fuorcla Vermunt (2798 m) und die Buinscharte (4–5 Std.; Gletschertour, nur mit Führer). Der Gipfel bietet ein altberühmtes Panorama, das große Teile der Graubündner Alpen einschließt und im Westen bis zu den Berner Alpen geht.

Nicht so weitreichend, aber gleichfalls überaus reizvoll sind die Aus- und Talblicke, die man vom »Unterengadiner Höhenweg« genießt. Er traversiert die sonnenseitigen Hänge des Unterengadins von Lavin bis Vinadi an der österreichischen Grenze – meist oberhalb der Waldgrenze – und quert dabei auch das Val Tuoi; insgesamt 60 km lang und durchgehend markiert, ist er gewiß einer der schönsten Wanderwege in den Graubündner Bergen.

Wie Guarda muß auch

***Ardez** (1464 m; 400 Einw.), 49 km, als »Gesamtkunstwerk« gesehen werden. Auffallend an den Häusern sind hier die reichen Sgraffitodekorationen, teilweise mit recht originellen Motiven, wie beispielsweise am Haus Clalgüna (1647) mit seinem doppelstöckigen Erker (Adam und Eva, Weinranken, Soldaten). Die reformierte Kirche, 1576/77 errichtet, ist stilistisch eine Verbindung von Spätgotik und etwas schwerfälligen Renaissanceformen. Über dem Dorf thront die im Schwabenkrieg zerstörte Burg Steinsberg (12. Jh.).

Noch viel weiter zurück in die Vergangenheit weisen die Schalensteine, die am Sträßchen nach *Bos-cha* (1664 m), oberhalb von Ardez, entdeckt worden sind; mit ihren eingeritzten Zeichen dürften sie im Zusammenhang mit heidnischen Kulten aus prähistorischer Zeit stehen. Auf einer sonnigen Hangterrasse, 6 km nordöstlich von Ardez, liegt *Ftan* (1633 m), ein beliebter kleiner Ferienort. Neben einigen typischen Engadiner Häusern (und der herrlichen Sicht auf die »Unterengadiner Dolomiten«) ist hier vor allem die rund 400 Jahre alte, noch in Betrieb stehende Wassermühle am Ortsausgang zu erwähnen.

* **Scuol** (Schuls, 1243 m; 1800 Einw.), 58 km, bildet zusammen mit *Tarasp* (1407 m) und *Vulpera* (1270 m) eine vielbesuchte Kur-, Erholungs- und Sportregion. Von den Heilquellen wußte bereits Conrad Gesner, der Zürcher Arzt und Naturforscher (1516–1565), nur Gutes zu berichten; heute werden insgesamt neun Quellen für Trink- und Badekuren verwendet (Indikationen: Herz- und Kreislauferkrankungen, Stoffwechselstörungen, Magen-Darm-Krankheiten). Für eine Kostprobe des gesunden Wassers suche man einen der Brunnen mit zwei Röhren – aus der linken sprudelt Mineralwasser für jedermann.

Die Pionierzeit des Tourismus hat auch hier, wie anderswo im Engadin, einige markante Zeugen hinterlassen, beispielsweise den »Schweizerhof« in Vulpera, vor der Jahrhundertwende erbaut. Lokalkolorit entdeckt man vor allem im Ortsteil *Scuol Sot* mit seinen stimmungsvollen Plätzen und stattlichen Engadiner Häusern. In der Chà Gronda, dem sogenannten »Kloster«, ist das besuchenswerte *Unterengadiner Museum* eingerichtet. Auf einer felsigen Anhöhe über dem Inn thront die reformierte Kirche, 1516 durch Bernhard von Puschlav erbaut, mit Sterngewölben in Schiff und Chor.

Auch altes Brauchtum ist hier noch lebendig. So feiert die Dorfjugend am ersten Samstag im Februar das »Homstrom«; dabei werden Strohmänner verbrannt – Symbol für das bevorstehende Ende des Winters.

Wahrzeichen der Gegend ist

***Schloß Tarasp, das sich – talbeherrschend – auf einem Felskegel (1499 m) erhebt. Vermutlich im 11. Jahrhundert von den Herren von Tarasp, einem Mailänder Grafengeschlecht, gegründet, dürften die ältesten Teile (Wohnturm, Kapelle) der malerischen Anlage aus dem 12./13. Jahrhundert stammen (im Sommer Führungen). Daß der nahegelegene Weiler Funtana (1402 m) recht »tirolerisch« wirkt, hat seinen historischen Hintergrund: Bis 1803 war Tarasp eine österreichische Enklave.**

⛴ Gondelbahn Motta Naluns.
⛺ »Gurlaina« (Scuol); »Piz Lischana« (Sur En).

Auffallend vielgestaltig ist die Geologie des Unterengadins: Dem kristallinen Gestein der Silvretta stehen die Kalkfelsen der »Unterengadiner Dolomiten« (Piz Pisoc, 3174 m) gegenüber, während die Samnauner Berge (Muttler, 3294 m) vorwiegend aus Bündner Schiefer bestehen, was ihre Besteigung sehr mühsam macht (viel Schutt). Ganz anders die Zackengrate rechts des Inns mit dem *Piz Lischana* (3105 m) als bekanntestem Gipfel. Seine Besteigung gehört zu den klassischen Touren der Region; als Stützpukt dient die Lischana-Hütte (2500 m) des SAC (6 Std.; nur für Geübte).

Brettlfans finden auf der Talseite gegenüber, auf der *Motta Naluns* (2146 m), ein prächtiges Revier; die Bergstation der Gondelbahn ist im Sommer Ausgangspunkt schöner Höhenwanderungen (z. B. zur Alp Laret und hinab nach Ftan).

Unmittelbar bei Scuol mündet von Süden der tief eingeschnittene wildromantische **Val S-charl*. Der im Winter unbewohnte Weiler S-charl (1810 m; 12 km von Scuol) ist ein frequentierter Tourenstützpunkt, auch für Wanderungen im Nationalpark (vgl. Route 13). Die Ruine eines Knappenhauses erinnert an den Silberbergbau, der hier schon 1347 nachgewiesen ist.

Auf der sonnigen Hangterrasse über dem Inn liegt das schmucke Engadiner Dorf *Sent* (1437 m; 4,5 km ab Scuol), das mit einer architektonischen Eigenheit aufwarten kann: den kapriziös geschwungenen »Senter Giebeln«, wie etwa an der Casa dals Spus (Nr. 15). Den Eingang zum Ort markiert der romanische Turm der Kirchenruine St. Peter (12. Jh.). Ein schmales Sträßchen führt weiter ins Val Sinestra; bis zum Kurhaus (1524 m; z. Zt. nur Gasthaus) 6,5 km (Wandergebiet). Auf der gegenüberliegenden Talseite schmiegt sich der Flecken *Vnà* (1602 m; Heimatmuseum) an einen Steilhang. Man erreicht das Bergdörfchen über eine steile Zufahrt von Ramosch (1231 m) aus, das seinerseits etwas oberhalb der Inntalstraße liegt. *Ramosch* (67 km), im Jahr 1880 durch einen Brand weitgehend zerstört, besitzt eine prächtige spätgotische *Kirche, 1522 durch Bernhard von Puschlav errichtet (schöner Wandtabernakel). Über der Mündung des Val Sinestra thront die noch im Verfall mächtig wirkende Burgruine Tschanüff (13. Jh.; am Burghügel reiche Trockenflora).

Und »last, not least«, kann man von Vinadi zum Zollausschlußgebiet von

Samnaun (1846 m; 600 Einw.), 96 km, hinauffahren, wo Spirituosen, Tabak und dergleichen billig (weil zollfrei) eingekauft werden können. Das abgeschiedene Hochtal, in dem ein Tiroler Dialekt gesprochen wird, war bis 1912 nur über österreichisches Gebiet zugänglich; in den letzten Jahren hat es sich zu einem beliebten Ferienort entwickelt. Samnaun besitzt im Winter Anschluß an das weiträumige Skigebiet von Ischgl (Paznaun); in den Sommermonaten sind schöne Wanderungen und Gipfeltouren möglich (Muttler, 3294 m; herrlicher Aussichtsberg, 4 Std.).

⛴ Seilschwebebahn Alptrider Sattel (2496 m).

12

13

Route 13

Zernez – * Pass dal Fuorn – Müstair (39 km)

Karte s. S. 44/45.

Der südöstlichste Winkel Graubündens und der Schweiz: das **Val Müstair* (Münstertal), weitab der großen Touristenströme, ein kleines Paradies für Naturfreunde und kulturell Interessierte. Daß gerade hier, unmittelbar an der Grenze zu Südtirol, eines der bedeutendsten Kunstdenkmäler des Landes steht, das *** Kloster *St. Johannes Baptist* mit seinen einzigartigen karolingischen Fresken, wissen sogar viele Eidgenossen nicht; alljährlich über zweihunderttausend Besucher verzeichnet dagegen der

**** Schweizerische Nationalpark** (Parc Naziunal). Zu Beginn unseres Jahrhunderts gegründet, heute knapp 170 km² groß, breitet er sich südöstlich des Inn zwischen dem Val Trupchun (Oberengadin) und dem Val S-charl aus; er grenzt im Süden an den jüngst vergrößerten (italienischen) Stilfser-Joch-Nationalpark.

Die Parklandschaft erhält ihr Gepräge durch die riesigen Wälder (Föhren, Lärchen, Spirken), über denen die aus mächtigen Geröllflanken aufragenden Gipfelzacken der »Unterengadiner Dolomiten« (Piz Pisoc, 3147 m) stehen. Das Klima ist – bedingt durch die inneralpine Lage – mit nur etwa 900 mm Niederschlag jährlich sehr trocken, was in Verbindung mit dem kalkhaltigen Gestein eine ganz unverwechselbare, aber überraschend artenreiche Pflanzendecke ergibt. Kristalline Erstarrungsgesteine findet man lediglich in den Randzonen, z. B. im Val Trupchun und am Munt la Schera (2587 m). In Nationalpark gedeihen über 640 verschiedene Pflanzen; nachgewiesen sind auch über 100 Vogelarten (u. a. der seltene Steinadler und der wieder angesiedelte Bartgeier) und 30 Säugetierarten, darunter der 1918 aus Österreich eingewanderte Hirsch und das 1920 bzw. 1934 ausgesetzte Steinwild.

Innerhalb des Parkareals bleibt die Natur völlig sich selbst überlassen; Wanderungen sind nur auf den markierten Wegen gestattet, den Vorschriften zum Schutz von Flora und Fauna ist dabei unbedingt Folge zu leisten. Einzige Übernachtungsmöglichkeiten sind die Cluozahütte und das Hotel »Il Fuorn« an der Ofenpaßstraße.

Eine interessante Sammlung zur Geologie, Flora und Fauna des Schweizerischen Nationalparks ist im *Nationalpark-Museum* in Zernez (s. S. 59) zu sehen (◷ Juni bis Oktober täglich außer So 9–12 und 13.30–18.30 Uhr, Anfang Juli bis Mitte August auch So 9–12 und 14–17 Uhr).

Auf der Fahrt zum Ofenpaß hat man am Beginn der Steigung Aussicht ins Val Cluozza, das bereits innerhalb des Nationalparks liegt. Auf der Höhe von Champsech (1822 m) öffnet sich überraschend ein stimmungsvoller Blick auf die von ausgedehnten Waldflächen geprägte Berglandschaft und das Spöltal. Wenig weiter, bei *Ova Spin,* in dessen Umgebung jungsteinzeitliche Funde gemacht worden sind (2000 v. Chr.), zeigt eine große Tafel an, daß man nun Parkgebiet betritt. An der Straße sind in Abständen Parkplätze angelegt; Schautafeln informieren über die Wandermöglichkeiten. Bei *Punt la Drossa* (1706 m; 12 km; Zollamt) zweigt rechts die gebührenpflichtige Nordzufahrt nach **Livigno** (1816 m), 16 km ab Zoll, ab. Sie führt in einem 3,5 km langen Tunnel unter dem Munt la Schera hindurch zur Staumauer des Lago di Livigno (1805 m), der größtenteils auf italienischem Hoheitsgebiet liegt, und setzt sich dann am Westufer des Sees zu dem beliebten Wintersportort fort (Zollausschlußgebiet Italiens). Von Juni bis November ist eine Weiterfahrt zur *Forcola di Livigno* (2315 m) und zum Berninapaß (s. Route 11) möglich.

Beliebter Stützpunkt mitten im Schweizerischen Nationalpark ist *Il Fuorn* (1794 m; 14 km; Naturlehrpfad). An der Stelle des gleichnamigen Hotels stand hier früher ein Knappenhaus des Erzbergwerks (in der Nähe Ruine eines Schmelzofens).

Auf dem weiten Talboden von Buffalora (1986 m) verläßt man den Park; in einem letzten, recht steilen Anstieg ist der

***Pass dal Fuorn** (Ofenpaß, 2149 m), 21 km, erreicht. Von der Wasserscheide bietet sich ein Prachtblick ins **Val Müstair,* über dem majestätisch der hohe Firndom des Ortler (3905 m) steht; ein umfasssendes Panorama, das von der Bernina bis zu den Ötztaler Alpen reicht, vermittelt der *Piz Daint* (2968 m), der südlich über dem Paß aufragt (2 ¼ Std.; Trittsicherheit erforderlich). Über Jufplaun (2351 m) und durch das Val Mora führt ein markierter Weg nach Sta. Maria (6 Std.) – etwas für Liebhaber einsamer Hochgebirgslandschaften.

Oberstes Dorf im weiten Münstertal ist

Tschierv (1660 m; 130 Einw.), ein freundlicher kleiner Ferienort (⛷ Skigebiet Minschuns, bis 2515 m), 27 km; schönstgelegener Ort ist dagegen *Lü* (1920 m), zu dem ein nach Fuldera (1638 m) abzweigendes Sträßchen hinaufzieht. Von dem Flecken hat man einen stimmungsvollen Blick über das gesamte Tal; markierte Steige führen zum Ofenpaß (2 ½ Std.) und über den Pass da Costainas (2251 m) ins Val S-charl.

Über *Valchava* (1440 m), dessen Talmuseum in der Chasa Jaura (18. Jh.) einen Besuch verdient, erreicht man

Sta. Maria (1375; 400 Einw.), 35 km, ein stattliches Straßendorf mit behäbig wirkenden Häusern des Unterengadiner Typs, überragt von seiner schönen spätgotischen Kirche (1492). Mitten im Ort zweigt rechts die kurvenreiche *Umbrail-Paßstraße* ab. Sie stellt über den 2501 m hohen Paß (14 km) die Verbindung mit der berühmten Stilfser-Joch-Route her.

⌂⌂ »Schweizerhof«; »Stelvio«.
⛺ Chasa Plaz. – ⛺ »Pè da Munt«.

Knapp vor der italienischen Grenze liegt

Müstair (1247 m; 800 Einw.), 39 km, dessen

***** Benediktinerinnenkloster St. Johannes Baptist** zu den großen europäischen Kulturdenkmälern zählt. Die Gründung als Männerkonvent wird traditionell Karl dem Großen (um 785) zugeschrieben, urkundlich erstmals erwähnt ist es Anfang des 9. Jahrhunderts unter dem Namen Tuberis, der später auf das benachbarte Südtiroler Dorf (Taufers) überging. Vor 1163 in ein Benediktinerinnenkonvent umgewandelt, erlebte Müstair im 13. Jahrhundert durch das »Wunder der blutenden Hostie« einen starken Aufschwung; schwere Krisen machte es im Schwabenkrieg, zur Reformationszeit und während des Franzoseneinfalls (1799) durch.

Die malerische, turmbewehrte Anlage vereinigt Bausubstanz aus elf Jahrhunderten; aus karolingischer Zeit (Ende 8. Jh.) stammt im wesentlichen die *Klosterkirche,* ein Dreiapsidenbau im sogenannten »churrätischen Schema«, das in Graubünden durch Grabungen zwar mancherorts nachgewiesen, aber nur mehr in Mistail (s. Route 7) und Müstair erhalten ist. Der ursprünglich flachgedeckte Saal erhielt 1492 ein Rauten- bzw. Netzgewölbe, das von drei Rundpfeilerpaaren getragen wird.

Seine einzigartige kulturgeschichtliche Bedeutung gewinnt Müstair durch die in den Jahren 1947–1952 freigelegte Ausmalung aus der Zeit um 800; es handelt sich dabei um den umfangreichsten noch erhaltenen karolingischen Bilderzyklus. Recht unterschiedlich ist der Zustand der Wandmalereien, die Ende des 15. Jahrhunderts übertüncht wurden; während die Fresken an der Südwand durch das Löschwasser beim Brand von 1499 (Schwabenkrieg) recht arg in Mitleidenschaft gezogen wurden, sind vor allem die Bilder der Nordwand erstaunlich gut erhalten. Ein Streifen mit Davidszenen – durch den Einbau des spätgotischen Gewölbes dem Blick entzogen – ist abgelöst worden und kann im Schweizerischen Landesmuseum (Zürich) besichtigt werden.

Die gesamte Bildfolge an den Langhauswänden ist in rechteckige Felder (ursprünglich 82) unterteilt; die drei oberen Reihen zeigen Szenen aus dem Leben Christi, darunter erkennt man an der Nordwand ein Kreuzigungsmotiv (Petrus oder Andreas). Beim Jüngsten Gericht an der Westwand handelt es sich um die älteste erhaltene Monumentaldarstellung dieses Themas, das im Hoch- und Spätmittelalter weite Verbreitung fand.

Außerordentlich gut erhalten, aber auch von hoher künstlerischer Qualität sind die über den karolingischen liegenden romanischen Fresken in den Apsiden; sie werden ins dritte Viertel des 12. Jahrhunderts datiert. Die Gewölbemalereien dürften kurz nach dem Umbau von 1492 entstanden sein.

St. Johannes Baptist, Müstair

Von der Ausstattung der Klosterkirche fällt natürlich vor allem die lebensgroße Statue *Karls des Großen* (um 1165) ins Auge, doch sind noch einige weitere Kostbarkeiten erwähnenswert: eine karolingische Marmorplatte, ursprünglich wohl Teil einer Altarschranke (in der barocken Heiligblutkapelle), ein Stuckrelief der Taufe Christi (um 1090, möglicherweise aber älter) an der Nordwand und die plastische Hochaltargruppe, eine vorzügliche frühbarocke Arbeit (um 1630). – Die Doppelkapelle St. Ulrich und Nikolaus im Westflügel des Klosters (nicht zugänglich) bewahrt beachtenswerte Gewölbestukkaturen, neueren Forschungen zufolge möglicherweise aus der Zeit der Karolinger. Romanisch ist die Heiligkreuzkapelle an der Südwestecke des Friedhofs mit ihrem originellen Kleeblattgrundriß (spätgotische Felderdecke von 1520).

Sakrale Kunst aus verschiedenen Epochen zeigt das Klostermuseum.

13

Register